言传"声"教
读出未来

安娜妈咪 让孩子爱上阅读

安娜 著

哈尔滨工业大学出版社

图书在版编目(CIP)数据

言传"声"教 读出未来：安娜妈咪让孩子爱上阅读/安娜著. —哈尔滨：哈尔滨工业大学出版社，2020.1

ISBN 978-7-5603-8340-8

Ⅰ.①言… Ⅱ.①安… Ⅲ.①读书方法-家庭教育 Ⅳ.①G792②G782

中国版本图书馆CIP数据核字(2019)第113986号

言传"声"教 读出未来：安娜妈咪让孩子爱上阅读
YAN CHUAN "SHENG" JIAO DU CHU WEILAI：AN NA MAMI RANG HAIZI AI SHANG YUEDU

策划编辑	李艳文 范业婷
责任编辑	孙 迪 王晓丹
装帧设计	屈 佳
出版发行	哈尔滨工业大学出版社
社 址	哈尔滨市南岗区复华四道街10号 邮编150006
传 真	0451-86414749
网 址	http://hitpress.hit.edu.cn
印 刷	哈尔滨市石桥印务有限公司
开 本	787mm×1092mm 1/16 印张14.5 插页1 字数145千字
版 次	2020年1月第1版 2020年1月第1次印刷
书 号	ISBN 978-7-5603-8340-8
定 价	45.00元

(如因印刷质量问题影响阅读，我社负责调换)

一切教育都源于我们对孩子的爱

我也是一位妈妈,知道所有的父母都深深地爱着自己的孩子,会去挖空心思地找寻最好的教育资源,或者不断丰富自己。无论怎样,我们都怀着一颗"充满爱的心",用我们能用到的各种方式、方法让宝贝们得以成长,获得幸福。这是所有父母的心愿,也是我当初创建"安娜妈咪教育频道"的初衷——一切都源于我们对孩子的"爱"。

记得我儿子三岁的时候,我开始体会到了作为家长的那种"望子成龙""望女成凤""不让孩子输在起跑线上"的急迫心情。而在陪伴孩子的过程中,我渐渐地认识到给孩子讲故事的重要性,便想与大家分享我的认识和体会。就这样,一期期的节目制作完成了,

节目内容也由最初单纯地讲故事变为贴近孩子们所需、贴近家长们所想的方法指导。这期间,我深深体会到了每位父母对得心应手、卓见成效的教育方法的渴求和获得教育资源的兴奋。所以,我希望用我的力量和所有的父母一起努力,让孩子们变得更好。

从一开始在网络上给孩子们讲故事,解放家长的手和脑,解决家长不会讲故事或没时间讲故事的困扰,到现在用我的经验帮助家长培养孩子们良好的阅读习惯,甚至让每个家长都能成为"孩子心中的故事大王"。我想,让孩子变得更加优秀是每位父母最大的心愿,同时父母也会在孩子的日益优秀中收获巨大的幸福与满足。

我一直坚信,"赠人玫瑰,手留余香"。"安娜妈咪教育频道"得到听众们的信任和认可,也真切地让我感受到了无限的幸福与快乐。这更激励我一如既往地用真心来与听众交谈,告诉他们我的经验,用智慧的头脑和"充满爱"的行动,给孩子们美好的未来铺平道路。让他们从小就拥有"变得优秀"的原动力!而这一切,都因为我们是发自内心地爱着孩子们!

回到这本书本身。现在国家在大力倡导全民阅读,希望孩子们多读书、爱读书,人们也都意识到阅读对一个孩子一生的成长有多重要。并且,随着教育改革的推行,将最大限度地提升全体学生的广泛阅读水平。换句话说,阅读不好,将在未来的考试、升学中失去优势,不仅会影响孩子们的文科成绩,甚至需要读懂题意的理科题目也会受到影响。因此,我们可以说,阅读能力强的孩子,未来更容易脱颖而出。喜欢阅读的孩子，将会拥有更好的解决问题的能力。

为了提高孩子的阅读能力，老师着急，家长更着急，可是方式方法如果不正确的话，其实是达不到目的的，而且还可能适得其反，所以我想要真正帮助家长和孩子们解决这个问题。把最落地、最实用、最有效、最容易操作的方法明明白白地告诉家长朋友们。

在这本书里，我会告诉大家"怎么给孩子按照年龄段选书"，也会告诉大家"让孩子爱上阅读的根本原则是什么"，还会帮大家总结出"让孩子爱上阅读的八个妙招"和"让家长变身为故事大王的'秘籍'"，启发和引导孩子养成爱阅读的好习惯，让家长们轻松做好亲子阅读。同时，除了这些实实在在的"干货"外，我还会告诉大家在生活中"如何提升孩子的自信心"，为培养孩子其他兴趣打下坚实的基础。

除了创建"安娜妈咪教育频道"外，我也是"安娜妈咪少儿口才"的创始人，因为在做教育频道期间，有大量的听众来问我："我们家的孩子怎么才能拿讲故事第一名啊？""安娜妈咪，我想让我的孩子口才好、作文写得好，该怎么办啊？"像这样的问题非常多。这些问题的答案并不是一两句话就能解释清楚的，所以我对听众们提出的这些问题做了很深入的研究，最终形成了一套比较完整的、培养孩子口才能力的体系，而在这个体系中，"阅读"就是第一步。看到这里，家长们，如果你知道让孩子爱上阅读除了丰富知识，还

是让孩子拥有好口才的第一步,是不是更觉得阅读对孩子重要了?那么之后的内容一定要认真地看哦!

我的心愿很简单:我想帮助你们!让你们的孩子未来更幸福、更精彩!同时也让身为家长的我们更幸福!一定记得,只有我们成长了,优秀了,我们的孩子才会成长和优秀。我们一起努力吧!我是安娜妈咪,我们一起来帮助孩子夯实他们精彩人生的基础!

安娜妈咪,为爱而"声",与你共同成长!

安娜

2019 年初夏于苏州

目录
The preface

阅读的重要性 & 如何让孩子爱上阅读

1. 好口才五步走，"阅读"是第一步 /3
2. "输入"与"输出"的关系，你一定要知道 /7
3. 阅读的关键期 /11
4. 阅读有哪些重要作用 /15
5. 让听故事成为提高孩子阅读能力的最好方式 /19
6. 如何选择纸质图书 /23
   - 正版很关键 /23
   - 感兴趣最重要 /28
   - 幼儿园阶段图书特点 /32
   - 小学 1 ~ 2 年级图书特点 /37
   - 小学 3 ~ 4 年级图书特点 /41
   - 小学 5 ~ 6 年级图书特点 /45
7. 让孩子爱上阅读的八个妙招 /49
   - 家庭微阅读时间 /49
   - 睡前故事时间 /53
   - 家庭小书架 /57
   - 书伴左右 /61
   - 亲子绘本剧 /64
   - 走入真实的"书"中 /68
   - 好玩的无限扩展法 /72
   - 借助小伙伴的力量 /76

你也能成为故事大王——讲故事的技巧

1. 什么是亲子阅读 /81
2. 亲子阅读可以为孩子的"安全感"充电 /85
3. 亲子阅读的正确"打开方式" /89

4 变身为"故事大王"的秘籍 / 93
　　变身"大宝贝"（1）/ 93
　　变身"大宝贝"（2）/ 96
　　变身"大宝贝"（3）/ 98
　　变身"大宝贝"（4）/ 100
　　波浪形的语音（1）/ 102
　　波浪形的语音（2）/ 104
　　波浪形的语音（3）/ 106
　　波浪形的语音（4）/ 108
　　饱含情绪的语音（1）/ 110
　　饱含情绪的语音（2）/ 112
　　饱含情绪的语音（3）/ 114
　　饱含情绪的语音（4）/ 116
　　角色分分清（1）/ 118
　　角色分分清（2）/ 120
　　角色分分清（3）/ 122
　　角色分分清（4）/ 124

3 自信心对阅读的影响

1 自信心能影响孩子的阅读水平 / 129
2 有自信的孩子与没有自信的孩子 / 133
3 看生活中的"黑历史"是如何毁掉孩子的自信的 / 137
　　家长不自信 / 138
　　只能看到孩子的缺点 / 141
　　爱与别的孩子做比较 / 142
　　用成年人的标准去要求孩子 / 144
　　用"恐吓"的方式管教孩子 / 147
　　语言暴力 / 149

4 | 提升孩子自信心的八个方法 / 151
　　拥抱孩子 / 151
　　做自信的家长 / 155
　　盯着孩子的优点看 / 159
　　鼓励孩子发表意见 / 163
　　内在心理暗示 / 167
　　外在形象提升 / 172
　　能做的事情自己做 / 176
　　一定要表扬 / 180

阅读的拓展与延伸

1 | 阅读与情商的结合——学会与自己相处 / 187
2 | 阅读与情商的结合——学会与他人相处 / 191
3 | 阅读与写作的结合——学会积累 / 195
4 | 阅读与写作的结合——学会观察 / 199
5 | 阅读与写作的结合——学会思考 / 203
6 | 阅读与写作的结合——学会创作 / 207

听安娜妈咪讲故事

1 | 谁咬了我的大饼 / 213
2 | 爱迪生孵鸡蛋 / 215
3 | 大狗、公鸡和狐狸 / 217
4 | 阿凡提种金子 / 220
5 | 亡羊补牢 / 222

1 阅读的重要性 & 如何让孩子爱上阅读

1

好口才五步走,"阅读"是第一步

我们先来说说阅读和口才的关系。关于口才,很多人认为它是人生中非常重要的一个技能。其实我认为口才不是技能,而是一门基础学科,或者说是在学习其他学科之前最应该培养的一种基本能力。你想想看,我们的一生从出生到上幼儿园、小学、中学、大学,再到找工作、结婚生子、打拼事业等等,哪一项不和说话有关系呢?说话简直就是贯穿于我们一生的事情,每一个环节都少不了它的参与,哪怕是不用嘴巴说,而是用笔写下来的,那也是一种"书面语言",也是一种表达。

前段时间我和一位阿姨聊天,她说她发现一个人拥有好口才真的是太重要了。她儿子是一名出色的飞行员,从小就学习成绩优异,也有非常多的兴趣爱好,最值得一提的就是他曾是学校的"金话筒"得主,说话思维清晰,逻辑完整,

语言流畅，能充分表达自我，平日里深受大家的喜爱。但是这些都不是令这位阿姨最骄傲的。阿姨是个实在人，在她的角度看，能通过好口才能展现自己的实力，才能真正打动别人。她说，在儿子找工作的时候，就是因为儿子的语言表达能力好，能充分地把自己的优点和各方面能力表达和展现出来，所以同时有四家航空公司要聘用她的儿子。当时一起应聘的还有一位同学，学习成绩也很优异，就是因为不善于表达，在这种场合下更是紧张得无法展现自己的优点，只有一家航空公司愿意雇用他。这样鲜明的对比让这位阿姨深信：有了好口才才能充分地展现自我，在关键时刻不输分！

这样的例子其实在我们的生活中很是常见，只是很多父母没有深入地去研究它而已。其实好口才就像是一个水龙头，拧紧了，有再多水也出不来，而只有拧开它，水才能源源不断地流出并为我们所用。我们身上有再多的优点，如果不通过好口才表达出来，别人也是不知道的，特别是在遇到很多人生机遇的时候，别人没有那么多时间来深入发现你的优点，你必须在最短的时间内把自己的优点充分表达出来，才可能不错失良机，进而得到更好的发展！比方说一幅画，一定包含着作者的思想结构在里面，但并不是所有观看画作的人都理解作者创作的意图，必须通过画家自己的表述才能让更多人了解这幅画，从而让这幅画更加熠熠生辉。可见，好口才有多重要，它真的应该作为一门基础学科，甚至应该是在学习其他技能前学习的第一门课！

因为口才的重要，也因为在做教育频道这几年中有无数的家长来问我"怎么能让孩子口才好""怎么能让孩子拿到讲故事第一名"，于是，同样深爱孩子的我就开始研究，到底什么样的方法能让孩子拥有好口才。其实目前市场上有非常多的口才班和小主持人班，但是我发现大家都还在沿用以前的老教材，而且也只是教一些绕口令和儿歌以及一些朗诵技巧而已，我觉得这些不足以让孩子从根本上拥有好口才，好口才应该分五步走：

第一步，要充分培养孩子爱阅读的好习惯，这才是根本。如果孩子阅读量少，知识量和词汇量就少，在这种情况下，孩子就算想表达，他的词汇量也无法支撑他的表达，那么在"无话可说"的情况下，大家觉得这个孩子的口才好得了吗？

第二步，要提升孩子的自信心。一个孩子就算有了好的阅读习惯，吸取了大量的知识，但是在表达的过程中，如果缺乏"自信心"，他表达的动力就会不足，表达也是不充分的，甚至是无法进行表达的。所以提升自信心也非常重要。第一步和第二步的内容在本书中会有系统、详细的讲解哦。

第三步，沟通习惯的培养。一个孩子如果在平时不乐于沟通，不养成沟通的好习惯，那么在需要表达和沟通的时候又怎么能得心应手、运用自如呢？一切的能力都是要在平时多锻炼，在关键

时刻才能发挥作用!

第四步,就是技巧的学习。而且要说的是,即便是技巧学习也要让孩子在开心积极的状态下进行。只有孩子真心喜欢这种技巧,才能学得更好,有所成就!如果是被逼迫进行的,只会让孩子反感甚至排斥,是达不到学习效果的!

第五步,也是最后一步,就是实践练习了。通过不断地实践和反复修正,真正内化到孩子的日常生活中,孩子才能真正拥有好口才!

知识点

好口才对孩子一生有重要影响,而且好口才的养成是漫长的过程,要先从培养阅读习惯开始,没有这个习惯做基础,哪里会有内容可说呢?那么,以后我们就好好地重视阅读习惯的培养吧!

2

"输入"与"输出"的关系,你一定要知道

这一篇我们主要讲讲"输入与输出的关系"。其实,从字面上是很容易知道输入和输出的意思的,输入是某种物质或能量由外部到内部的传输过程,而输出则相反,是由内部将某种物质或能量传输到外部的过程。可能在看书的家长朋友会问:"安娜妈咪,你和我说输入和输出,这和阅读有什么联系吗?"当然有联系,听我慢慢道来。有一个概念,叫作"没有输入就没有输出",这个概念请家长朋友们一定要记住,这将成为我们教育孩子的一个主导思想。我先简单解释一下"没有输入就没有输出",比如我们想要在一张 A4 纸上打印出来"安娜妈咪"四个字,它是不会凭空出现的,而是要先在电脑上输入"安娜妈咪"四个字,再通过电脑传输给打印机,最后再打印出来。那么这个概念放在教育上是不是也成立呢?答案是肯定的。我们的孩子其实是被家庭、学校、周遭环境等等因素的综合输入造就出来的,或者说是被综合因素

"培养"出来的。我经常说,你看到的孩子绝对不是单独的个体,是这个孩子背后整个家庭,或他生活接触的环境的综合表现。家庭给了孩子怎样的输入,环境给了孩子怎样的输入,孩子就会综合处理后进行输出,所以我们想要解决孩子"输出端"的问题,就要把眼睛放在"输入端"上,这样才能解决根本问题。比如"安娜妈咪少儿口才"课堂上,我们通过独特有效的方法,每一个孩子提升得都非常快,上过几次课就会有很大的改变。但是也会有孩子通过我们的教育方法还是不张口,当我遇到这样的问题时,就会去做个案,分析这个孩子的家庭状况,然后从根本上帮助这个孩子和家庭。因为我深知,没有输入就没有输出,所有的孩子外在的表现都是这个孩子生活环境的综合表现。我这样讲,家长朋友是不是就很容易理解输入和输出的关系了?但是如果不讲,很多家长还是不会意识到这个问题。我们在生活中遇到过太多类似这样的问题,比如我们常听到家长对孩子说:"你们班上的萱萱为什么每次写作文都拿高分,你怎么不行?"或者,"你们班上的果果为什么就能讲故事讲得那么好,你怎么不会呢?"每当这个时候,我就会和家长们说,当你们了解了"没有输入就没有输出"这个概念以后,请再也不要为难小朋友了。每个孩子来到这个世界上,一开始都是空白的,他今天的样子完全是家长一手塑造出来的,不管是好的样子还是坏的样子,都和家长脱不了干系,所以想让孩子优秀,要先从家长"下手"。问问自己有没有给孩子精彩的、充足的内容进行"输入",然后再考虑孩子那端是不是有精彩的、优秀的内容"输出",而且别忘了,我们从"输入"到"输出"还有一个"处理"的过程,电脑叫作"数据处理和传输",人脑则是要进行"思考和内化",然后才能综合处理进行"输出",所以,想要宝贝变得优秀,哪有那么容易!下次别再为难小宝贝了,好好找找自己的原因吧!

明确了这个概念后,我们套用到阅读上来理解一下,我们可以在大脑中先画一幅图,图的左端写着"输入",图的右端写着"输出",中间画上一条连接线,然后我们开始想,这个"输出"是什么呢?输出可以分两个方面,一个是嘴巴上的输出,叫作"说",另一个是笔头上的输出,叫作"写",这两样都是很重要的,也是家长希望孩子拥有的能力。说得直白点,谁不希望自己家的孩子口才好,作文也好呢?那么,我们就在大脑中的这幅图上写着"输出"的那一头写下:口才好和作文好。现在,我们已经知道想要什么样的输出了,就开始在"输入"端着手吧。在"输入"端我们该写下什么呢?大家还记得我前面是怎么讲的吗?阅读可以为我们的孩子积累词汇,增加知识,让我们的孩子有内容可说、可写,所以,我们在输入这边写下"阅读"二字。我们要知道想要让孩子讲故事讲得好,或者写作文写得好,并不是让孩子背诵一个故事或者多背诵几篇作文就可以了,我们需要丰富的知识做基础。讲故事我们要知道讲什么,

写作文也要知道写什么,如果知识量有限,很快就会"江郎才尽",持续不了很久。这就需要培养阅读能力,用长期的"阅读"来为孩子做长期"输入",这样孩子们在"输出"的时候才有内容可输出。所以,"阅读"是多么的重要啊!让我们一起培养孩子良好的阅读习惯,让"阅读"为孩子的精彩人生做"输入",打好知识的基础!

知 识 点

这篇的知识点就是"没有输入就没有输出",我们想要孩子有精彩的"输出",就一定要在"输入"上下功夫,作为聪明优秀的家长,以后别再为难宝贝啦!

3

阅读的关键期

这一篇主要和家长们谈一谈"阅读的关键期"。

家长们都知道对孩子进行阅读习惯的培养是非常重要的，但是这个习惯的培养到底应该从什么时候开始呢？换句话说，什么时候开始重点培养孩子的阅读习惯效果才最好呢？那么我现在就告诉大家答案，在孩子3~6岁的时候开始培养阅读习惯是最好的。大家可能会问，为什么呢？首先从逻辑上一定要明白一个道理：无论要做成一件什么事情，一定是先要找到这件事本身的自然规律，然后在遵循规律的基础上加以处理和应用，就会得到想要的结果。假如逆着规律而为，效果自然是不好的，而如果找到了规律，巧妙应用，就一定是事半功倍的。所以在阅读习惯培养这件事上，也一定要遵循孩子的自然成长规律，同时加以引导，才会效果更好！

我要告诉大家的是，一定要知道孩子大脑发育的高峰期在

什么时候，知道这一点以后，我们就可以把更多的精力放在这个时期，就会收获意想不到的效果。我们的孩子大脑发育的第一个高峰期是在孕期的第 7 个月到孩子 2 岁期间，第二个高峰期是在孩子 3 ~ 6 岁期间，第三个高峰期是在 14 ~ 17 岁期间。

这三个大脑发育高峰期，我们来筛选一下哪一个对培养孩子阅读习惯更有帮助。首先我们一定会把 14 ~ 17 岁这期间先去掉，原因很简单，因为太晚了嘛。然后再看另两个时期。我们是不是平时也经常听说"0 ~ 6 岁是孩子一生成长最重要的时期"这类的说法？这个时期更是孩子教育的关键时期，这期间，孩子们学会了行走、学会了吃饭、学会了语言、学会了与人交往、培养了情感、塑造了性格等等，这个时期很多基础的形成都会影响和伴随孩子的一生。可是我们想一想，对于阅读习惯的培养这件事，如果把它放在 0 ~ 3 岁，显而易见，时机并不合适。一方面，这个阶段的孩子太小了，基本都在学习人生的基础技能，比如行走、吃饭和说话等，对文字、图片和具有一定逻辑性的阅读内容的感知力并不强；而另一方面，从家长的角度，大部分初为父母的家长也都手忙脚乱地在处理如何把孩子健康地喂养大，以及如何让孩子学会生活基本技能这两件事上，根本无暇顾及孩子其他能力的培养。这样看来，我们也就得到了结论，在孩子大脑发育高峰期的选择上，我们要选择 3 ~ 6 岁这个阶段来培养孩子的阅读习惯。既然3~6岁是孩子大脑发育的高峰期，那么如果在这个阶段培养了孩子良好的阅读习惯，就可以为孩子的大脑填充大量的知识内容，使孩子通过阅读获取大量信息，从各个角度刺激大脑细胞生长，增加大脑的容量，从而对孩子的大脑进行有效的开发。

说过了孩子大脑发育高峰期的问题，再从孩子的其他角度看看，我们会发现3~6岁的孩子最容易爱上阅读，不仅因为这个年龄段的孩子有了一定的观察力、理解力、想象力、记忆力和专注力，最重要的是，这个阶段的孩子充满了好奇心，对很多事物都会产生浓厚的兴趣。如果我们能善用这个特点，就能很好地引导孩子爱上阅读。比如，3~6岁的孩子正在上幼儿园，这个阶段的孩子最喜欢的一件事就是"听故事"，而故事本身就是由大量的文字、图片和有逻辑性的内容组合起来的，是非常好的阅读内容，更重要的是，故事本身都很"有趣"，很容易被孩子接受。这就对我们培养孩子的阅读能力和习惯有了大大的帮助。

除了大脑发育高峰期和孩子更有兴趣这两个原因外，还有一点就是3~6岁的孩子对家长的信任度是非常高的，他们的自主意识还没有完全形成，大部分的时间都在靠父母引导他们的思维，也在不停地模仿父母的行为，所以在这期间父母有意识地引导孩子养成爱阅读的习惯是比较容易的。

14 | 言传"声"教　读出未来
安娜妈咪让孩子爱上阅读

知 识 点

在3～6岁期间培养孩子的阅读能力和习惯是有很多有利条件的，所以家长朋友在培养孩子阅读能力这件事上，要把更多的精力放在孩子3～6岁的阶段，也就是幼儿园阶段，因为这是我们的孩子爱上阅读的"关键期"。

4

阅读有哪些重要作用

这一篇主要和家长们说说"阅读的作用"。

其实在前面的文章中,我已经阐述了阅读的一些重要作用,比如:好口才五步走,"阅读"是第一步,因为好口才首先要有内容可说;又比如要想孩子作文写得好,第一步也是需要进行阅读能力的培养,为孩子积累大量的词汇和知识,这样才能给孩子的作文源源不断地提供好内容,让孩子们有东西可写;而且很重要的一点就是,在文化课学习上也离不开阅读能力的培养,孩子们想学习好语文,不是靠着多做几道题就行的,这个学科就是要靠踏踏实实地大量阅读来打基础,靠阅读培养"语感",也靠阅读促进对内容的思考、归纳、总结,从而进行语文的思维训练。所以一个孩子如果没有好的阅读习惯,让他进行大量阅读,就等于是输在了语文学习的起跑线上。我想,作为家长一定不希望看到这样的结果。此外,不仅学好语文要靠大量的阅读做基础,就

是学好数学也要依靠多阅读来提升思考能力和理解力，再去解读更多应用题。

前面已经说了这么多阅读的作用，那么还有哪些作用是阅读这件事带给孩子的呢？我来给大家说一说。

首先，"阅读"是帮助孩子进行外界世界探知的方式和手段。我们知道每个人从小到大的生活圈子都是有限的，不仅遇到的人有限，听到看到的事物有限，就是接受的教育也是有限的，大多情况下我们没办法让信息量有限的自己懂得更多，所以我们需要一种途径来进行"自我学习"，进而"自我迭代"。这种途径也可以让孩子更聪明、更有智慧，从而变得更优秀。这种途径就是阅读。我们在阅读的过程中，了解了大量的我们不知道的知识和见闻，学习了我们不会的技能，丰富了我们的视野，甚至我们在阅读一些具有娱乐功能的书籍时，还能让生活变得充满欢乐。这一切都源于书籍品类的多样化和内容的丰富化，所以阅读能帮助我们去探知更多未知的世界，从而让我们更快乐、更充实。

其次，阅读可以让家长帮助孩子树立正确的价值观，让孩子走正路，明辨是非。

不久前的一天，我带着家人一起去吃牛排，其间我们边吃边聊天，聊到了关于"人心要善良"和"要选择善良的人做朋友"的话题，让我没想到的是，八岁的儿子坐在旁边也参与了话题的讨论，并且他说最近在看一套名为《查理九世》的书，上面写了这样一句话："魔鬼的外表不可怕，魔鬼的心灵才可怕。"当儿子说出这句话时，我意识到了阅读已经在潜移默化地影响着我儿子的价值观。我在想，如果不是儿子爱阅读，八岁的他又怎么会说出这么有哲理的话，并且还运用到日常的讨论中呢？这都是阅读的功劳。

其实作为家长，我们也有自己的工作和许多要操心的事情，不可能时时刻刻盯着孩子给他树立正确的价值观，而且孩子要面对的和要解决的问题也会随着环境、时间等因素的变化而改变，我们也无法保证自己时刻跟在他们的身边，帮助他们解决问题和明辨是非。而如果孩子能有良好的阅读习惯就不同了，在孩子阅读的大量书籍中，会有非常多与生活中类似的情景出现，这些书籍就会给孩子一种良好的价值观的引导，让孩子学会思考。再将书中提到的对问题的处理方式储存到孩子的大脑中，这就能大大促进我们帮助孩子树立正确的价值观，进而对孩子的行为进行有效的指导，最终让孩子成为一个明辨是非、不走歪路的好孩子！

最后我想说的是，阅读能让一个孩子生活得越来越幸福。为什么这么说呢？我们的孩子从出生到成长，因为环境不同、家庭不同，并不能保证他们从一开始就非常优秀，而且我们每个人都是不完美的，身上多多少少都有这样或那样的毛病，而通过阅读，

就可以慢慢地让孩子们学习到更多让自己变好的知识和经验，从而进行"自我迭代"。这个社会竞争压力很大，孩子们只有坚持学习、多多阅读才能站在更多巨人的肩膀上，通过总结、归纳、思考，然后"内化"到自己的头脑中，再指导自己的行为，最后实现自我的不断创新。而当这些流程全部完成的时候，我们的孩子也就真正懂得了更多让自己变优秀、让生活更幸福的道理，说得直白点，也就是孩子们拥有了"让生活幸福的智慧"。所以，爱阅读的孩子一定会走在通往幸福的路上！

知 识 点

我们国家在大力倡导全民阅读，希望孩子们多读书、爱读书。并且，随着教育改革的推行，阅读能力的重要性日益凸显。换句话说，阅读不好，将在未来的考试、升学中失去优势。所以说，阅读能力强的孩子，未来更容易脱颖而出。喜欢阅读的孩子，将会拥有更好的解决问题的能力。

5

让听故事成为提高孩子阅读能力的最好方式

这篇主要和家长们说说"阅读的主要方式都有哪些",还有就是要告诉家长们"听故事为什么是提高孩子阅读能力的最好方式"。关于提高阅读能力的方式,很多宝爸宝妈都会很自然地想到应该是读和看纸质书籍,阅读嘛,当然是看书和读书了。的确这是没错的,一开始我也这么认为,但是在我做了教育频道目以后就不这么认为了。后来,我每次给家长们做阅读讲座时,都会告诉提高阅读能力的方式其实是:听、看和读,或者说从孩子们上幼儿园阶段开始,阅读分为两块,一块是听故事,另一块是看纸质书籍。所以有个关于提高阅读能力的原则分享给大家:碎片化时间的听儿童故事 + 安静时间段的纸质书籍阅读 = 阅读全覆盖。如果我们能从孩子幼儿阶段开始坚持执行这个原则,效果就会非常好了。关于纸质书籍的阅读我在后面的文章中再和大家分享,这一节主要和大家说说为什么我说听故事是孩子提高阅读能

力的最好方式。首先，听故事可以帮助幼儿园阶段的孩子很好地积累词汇、培养语感，为以后写好作文打下良好的基础。记得有一次，我和一位作协主席聊天，我请教了他一个问题：如果想让孩子学习写作文，从多大开始比较适合呢？作协主席当时回答我说最好是小学2年级到3年级的时候开始学习。我又接着问，那如果在这个年龄段之前想要让孩子积累词汇、为写好作文打下基础该怎么做呢？他的回答是三个字："听故事。"后来我结合这几年做教育频道的经验总结了一下，就很容易理解作协主席的这个答案了。因为儿童故事本身就是非常优秀的"作文范本"，故事的语句完整，情节有趣，尤其是对3～6岁的、还没有开始系统学习汉字的小朋友来说，用"听"的方式来阅读是再合适不过的了。我们已经有非常多的小粉丝养成了一定要伴随着故事入睡的好习惯。我们设想一下，一个孩子一天听一个故事，一年就等于听了300多个优秀作文范本，这对孩子积累词汇、以后写好作文是不是有很大的帮助呢？再者，听故事能激发孩子的想象力。记得有一次，一位北京的记者采访我说："你觉得看动画片和听故事哪个更能激发孩子的想象力呢？"我回答："当然是听故事。"因为看动画片和听故事有个最大的差别就是：动画片里面的人物形象都是固定的，他们穿什么颜色的衣服，是胖还是瘦，是高还是矮，长得好看还是不好看都一目了然，而且没有任何改变的余地。可是听故事就不同了，里面所有的背景、环境、人物角色、情节展开全都是要依靠语言来描述的。在这种情况下，每个听故事的孩子脑中的角色长得可能都不一样，他们可以凭借着自己的想象力把这些角色想象成各种样子，这个过程就会很好地并且不间断地激发孩子的想象力。还有我想要告诉家长们的是，听故事能增强孩子们的记忆力，并且保护孩子的视力。不知道家长们有没有发现很多小宝贝听故事有个特点，就是经常反复地听一个或者几个故事，他们会把爱听的情节或者词句反复地输入到自己的大脑中，然后进行记忆，有的时候还会不自觉地进行模仿练习，这些都会增强宝贝们的记忆力，而且是听得越多，记忆得越多，大脑细胞得到更多激发后记忆力会越来越好。而保护视力就更不用多说了，在电子产品普及的今天，一个孩子如果把更多时间放在听故事上，就可以远离屏幕对眼睛的刺激，有效保护视力。对于一个孩子来说，他的视力要到12岁才会真正完善，在小的时候如果过多地观看屏幕，不管是电视、手机还是ipad，长期使用，都会刺激孩子的眼睛，造成眼疾。所以，为了孩子们能有一个好视力，我们也要培养他们爱听故事、爱看书的习惯，让他们把更多注意力放在不伤害眼睛的事情上来。由此可见，听故事真的是一种非常好的提高阅读能力的方式，我们可以在很多碎片化时间里面给孩子们播放儿童故事，或者亲自给孩子们讲故事，比如在车上，比如在野外郊游等等，但是最固定的时间就是睡前的时间了。我比较推崇用固定的时间做固定的事情来加强孩子们

对这件事的印象。关于这一点我在后面的章节中还会和大家专门来讲述。所以,从现在开始,宝贝们可以多来听听安娜妈咪的睡前故事哟!

知识点

培养孩子的阅读能力最好是从幼儿园阶段开始。而提高阅读能力的方式可以分为听故事和纸质书籍的阅读,听故事真的是一种非常好的提高阅读能力的方式,不仅能丰富孩子的知识、增加词汇量、为写好作文打基础,还能激发想象力、增强记忆力、有效地保护孩子的视力!

6

如何选择纸质图书

◆ **正版很关键**

在前面一节中，我和大家说到了听故事是一种很好、很重要的提高阅读能力的方式。那么在阅读的过程中，除了听以外，还要看纸质图书。关于纸质图书如何选择的问题，我会用六个小节来向家长们解读。首先要告诉家长们的第一个重点是，一定要选择正版图书！说到正版，很多家长第一印象就是有两种感觉：一个是贵，另一个就是"有保障"。很多家长都有了这种意识：我们就是因为要"有保障"，才宁愿花更多的钱去买正版图书的，不然地摊上随便买两本不是也一样吗？其实在现在的社会中，大部分人已经开始重视"知识产权"的问题，也逐渐认识到正版图书的优点。在这里，我还是要跟家长们分享一下为什么正版那么重要。我们就以"心喜阅"童书的超级畅销书《一点点长大·井本蓉子作品集》为例，给大家讲讲，一本正版书是怎样来到大家

手上的。

一般正规的出版机构会有以下几个关键的部门：策划部、版权部、设计部、出版部、发行部。这几个部门的小伙伴们密切配合，才能保证书按时出版。

《一点点长大·井本蓉子作品集》这套绘本是由日本非常有名气的绘本作者井本蓉子创作的。井本蓉子是一位非常可爱的老太太，她擅长日本传统的和纸撕纸技艺，她的绘本都是用这个手法创作的，画面温馨甜蜜，故事轻松可爱，在日本拥有无数粉丝。

在日本的出版圈里，井本蓉子也是鼎鼎有名的热门作者，各大出版社的负责人经常会想尽一切办法抢夺她作品的版权。据说井本蓉子本人非常喜欢卡拉OK，所以她召集各个出版社的负责人来家里唱卡拉OK，唱得最好的人可以获得新书版权。没错，就是这么任性。为了获得这宝贵的版权，"心喜阅"童书版权部编辑也是煞费周折，多次海外碰面、日本拜访，反复修改出版策划方案，磨了

两年多的时间,才最终签回了简体中文版的版权。

　　拿到版权之后,策划部的编辑们就开始大展身手了。虽然井本蓉子的作品已经非常成熟,但是中日两国的文化和读者的接受度毕竟有很大的差异,这就需要编辑们联系到最适合作品的翻译老师,设计出最能展现作品内涵的出版形式,给这套绘本以新的生命。不要小看翻译老师的作用。3~6岁正是小孩子语言发展的关键时期,为他们"输入"地道且美好的语句,对他们表达能力的提升将大有裨益。除了文稿部分,设计部的老师们会对图书的装帧形式进行再设计。什么样的封面最能激发孩子的阅读兴趣,什么样的字体大小最适合孩子阅读,这里面都是有很大的学问的。一些无良的书为了降低成本,每页上都密密麻麻塞满字,非但阻碍了孩子培养阅读兴趣,还对视力造成了很大伤害。

　　美美的书差不多做好了,就准备进入印刷环节了,出版部的工作人员会选择最适合孩子们的纸张和油墨。毕竟我们的小孩子总是一不小心就把书塞进嘴里去了,所以纸不能太厚也不能太薄,不能太反光影响阅读,也不能太吃色影响画面呈现效果,油墨更是要安全环保。整个印刷过程中,策划部的编辑和出版部的工作人员还要到印厂去反复跟色,才能确保呈现出最好的印刷效果。

　　到这里,一本书就基本完成啦。再由发行部的编辑接棒,

把书送到各大网络书店和线下书店，最终送到读者的手上。大家买书一定要认准国内的主流书店、当当网、京东等正规网店，才能最有效地避免买到盗版书。另外，有很多专业的阅读推广人，就像安娜妈咪会给读者很多选书建议，大家可以多多关注。

然后，我想要再告诉大家另一个行业道理，大家在选择给孩子听故事的儿童电台的时候，也最好选择知名的、影响力大的儿童电台。原因是，一般比较知名的儿童电台都会和国内正规的出版社或平台进行内容合作，出品正版的声音作品。听众们听到的儿童故事，要么是专业作家创作出来的原创故事，要么是直接采用国内正规出版社的图书内容进行制作的节目，在这种情况之下，都会保证输入给孩子的内容不会是误导孩子的错误内容。可能有的家长会问，为什么不建议选择小的儿童电台呢？那是因为一般小的儿童电台知名度不够高，点击量也就一定不够高，那么在这种情况下，是很难保证内容质量。如果他们做原创故事的话，因为其规模小，通常也不会聘请专业的作家来撰写稿件，这样的话就很难制作出优秀的节目。当然，也许我的观点有片面性，但是聪明的家长只要认真想一想就一定能明白其中的道理。所以我们为了尽可能给孩子正确的引导，在选择儿童电台上也要花点心思，选择入行久一点、知名度高一点、内容量大一点的儿童电台来进行收听。

知识点

在给孩子购买纸质图书的时候,要注意购买正版图书;给孩子选择儿童电台收听故事的时候,要选择入行久一点、知名度高一点、内容量大一点的儿童电台,这样就会更有保障。家长朋友们,这下你们明白了吗?

◆ 感兴趣最重要

上篇文章中我向大家介绍了选择正版纸质图书的问题，接下来我要告诉大家的是，在选择纸质图书的时候，选择孩子感兴趣的书是非常重要的。这是为什么呢？

我做任何事情都有一个习惯，就是先想一下自己的终极目标是什么，然后再根据我的目标来决定我现在该如何做。以本书为例，在这本书中我们要达到的终极目标是什么呢？没错，就是让孩子爱上阅读，养成爱阅读的好习惯。那么，在这个目标实现的过程中什么最重要呢？答案就是这个"爱"字，就是说要让孩子主动地、发自内心地喜欢阅读，而不是被动地应付，这才是最重要的。

我们都知道任何领域和行业，如果想要有所成就，一定源于"热爱"。因为只有热爱才会给人足够的动力去细心钻研，并想办法去攻克过程中的难题。大家都知道，人生一路走来，哪有一帆风顺的，所有的成就都需要背后艰苦的付出和努力。而如果一个人不够热爱一样事物，那么在遇到困难时就会退缩和敷衍了事，那么自然也就不会有所成就了。

  我在讲口才课的时候经常说，第一步不是急着让孩子有什么突出的表现，而是让孩子先爱上舞台或者不惧怕舞台，因为这才是根本，是基础。我们看到很多在舞台上绽放光彩的人，很多情况下，让他们有精彩表现的原因是他们非常享受站在舞台上的感觉，这其实就是"他们在内心中爱上了舞台"，因为有这个基础，才能促使他们在舞台上不断地克服困难并绽放光彩。这个道理套用在"阅读"这件事上也是一样的。如果孩子们的阅读是主动的，对阅读是热爱的，那他们就会自动自发地去读很多书，不用家长操心。就像我儿子每次都是看完书以后主动催促我给他买新书，而不用我不停地去催促他"宝贝该看书了"，或者问他"你的书看完了吗"等等。相反的，如果每次都是家长逼迫着孩子去读书，那可就很被动了。孩子一旦离开了家长的视线，这个"阅读"的动作也就停止了，不会坚持进行下去，可想而知，这种情况下的"阅读"，对孩子的影响也就变得很有限了。所以我们一定要把关键点放在怎么才能让孩子主动地"爱上阅读"这件事情上，而"爱阅读"的核心就是让孩子"感兴趣"。这到底该怎么做呢？大家一定要记住一个原则：一切以孩子能够"与书亲近"为最终目的。这句话该怎么理解呢？我给大家举例说说。

一个上幼儿园或者小学一年级的孩子，他想看漫画，但是他的奶奶却觉得应该看点名人传记，那么在这个时候该如何选择呢？我们先不急着回答，来套用一下上面提到的原则："一切以孩子能够'与书亲近'为最终目的。"通过这个原则，我们来判断一下，孩子到底是愿意与漫画书亲近呢，还是愿意与名人传记亲近呢？答案可想而知，自然是漫画。好，那我们就给孩子买漫画。看到这里，可能有人会问了，奶奶希望孩子多读些有用的书也没错啊，为什么在这里就不对了呢？其实，奶奶的想法也并没有错，但是时机不对。我们的孩子在上幼儿园或者小学一年级的时候，对字数很多而且枯燥乏味的人物传记并不感兴趣，如果强行让孩子看，只会让他们对图书产生反感，反倒是影响了孩子培养好的阅读习惯。我们应该在孩子读五六年级，已经逐渐养成好的阅读习惯的时候，再慢慢推荐给他们更有益的图书去看，这样做才是正确的！再比如说，家长带着孩子去书店买书，孩子喜欢红色封面的，家长喜欢蓝色封面的，那这时候该听谁的？是买红色封面的还是买蓝色封面的呢？我们再来套用一下这个原则："一切以孩子能够'与书亲近'为最终目的。"显而易见，自然是选红色封面了。因为只有买了红色封面的书，孩子才喜欢，喜欢才愿意常常拿在手里看。

大家一定要清楚这样一个事实，孩子只有多阅读才能真正获取更多的知识。我们要给孩子看的书内容再好，如果孩子不喜欢，从来不拿起来翻阅，那么再好的知识也"输入"不到孩子的大脑中，我们所做的一切努力也就白费了，这就是为什么一定要套用这个原则的原因。这里，我介绍给大家的是一种原则和方法，大家只要按照这个原则去套用，就可以知道该如何去做了。因为每个人遇到的具体问题都不同，我们也没有办法一一讲解，但是如果能把握这个原则的精髓，就能以不变应万变，最终让孩子爱上阅读。

知 识 点

给孩子选择纸质图书，选择孩子"感兴趣"的很重要。不管是什么图书，只要孩子先喜欢，愿意把书拿在手里看，这就有了一个良好的开端。如果买来的书孩子从来不碰，那么再好的内容也无法发挥作用。给孩子选书有一个原则，请大家参考使用，这个原则就是：一切以孩子能够"与书亲近"为最终目的。

◆ 幼儿园阶段图书特点

这篇文章主要和大家说说幼儿园阶段图书的特点以及如何为这个阶段的孩子选书。

作为家长，除了要给幼儿园阶段的孩子听故事外，该给孩子选择什么样的纸质图书呢？首先我们要从这个年龄段孩子的自身发展特点入手。幼儿园阶段的孩子有一个非常显著的特点，那就是喜欢大图，而且是绚丽多彩的大图。这样一说大家就会明白为什么幼儿园阶段的孩子都特别喜欢看动画片了吧？因为动画片除了情节有趣外，其实就相当于动态的多彩大图，符合这个年龄段孩子的喜好。了解了这个特点，我们就知道选择什么样的图书会吸引孩子来看了。遵循孩子这个阶段的特点就是给幼儿园阶段孩子选书的核心标准。按照这个标准我们首先就会发现有一类叫作"绘本"的图书特别符合要求，没错，这就是幼儿园阶段最适合孩子阅读的图书了。我们先来了解一下什么是"绘本"。绘本就是那些以绘画为主，同时配有有少量文字的书；就是那些我们在书店或者网站上看到的图片大大的、文字小小的、颜色很绚烂多彩也很夸张有趣的书。绘本起源于西方，虽然价格稍微有点贵，一本书也仅仅只有很少的故事甚至只有一个故事，但是通过绘本不仅可以读故事、学知识，而且绘本可以帮助孩子构建精神世界、培养多元智能，是发达国家家庭首选的儿童读物，国际公认绘本是最适合儿童阅读的图书。除了绘本以外，幼儿园阶段的孩子按照前文中提到的选择标准，还可以看一些漫画。漫画的特点也是图片非常多，字少，易懂、有趣，常常能够吸引孩子的目光，让孩子捧腹大笑。其实不管是绘本还是漫画，都是很绚丽多彩、生动有趣的，这样的图书符合幼儿园阶段孩子的喜好，可以让孩子有很好的阅读体验，找到阅读的乐趣。还是那句话，阅读习惯的培养，第一步要先让孩子爱上阅读，而让孩子在阅读过程中找到乐趣、有很好的阅读初体验就是最重要的事。很多家长在明白了应该为孩子选择什么图书种类之后都会问：有没有什么好的绘本可以推荐给我们呢？接下来我就给大家介绍一些绘本供大家参考，但是我一定要提醒你，无论我介绍了多少，也都是非常片面的，大家只要按照我上面说的选书标准，到正规的书店或者网站购买正版的、内容积极向上的图书就都没有问题，毕竟我们要相信出版社的能力，他们一定会很好地帮我们挑选出适合孩子阅读并对孩子有好处的、积极向上的书。

绘本推荐：

☆《罗力小恐龙》系列

我们都知道父爱是孩子成长过程中不可或缺的，有意识地培养孩子与父亲之间的感情是极其重要的。这套书讲述了罗力小恐龙父子之间发生的各种温暖有趣的小故事，满满爱意让人动容，呆萌的形象"收割"了大批读者。

☆《与众不同的人》

这本书最大的好处就是能在阅读中让孩子学会辩证思考，给孩子以哲学启蒙。这本书定义了十组彼此对立的性格，通过描述每组中两种截然相反的个性之间的差别、各自的益处，以及过分强调个性之后可能带来的坏处，引导孩子们在阅读中发现自我和他人，并对人类之间的相通之处、每个人独特的个性以及对立和统一的辩证关系进行思考，学会用不同的角度看待世界。

☆《弗洛拉和孔雀》

这是一本充满创意的无字书，是2014年凯迪克银奖作品《弗洛拉和火烈鸟》同系列新作。书中巨幅超大精美拉页和多个翻翻机关，让孩子玩出无限创意，无字书的阅读环境，可以培养孩子的读图能力，提升孩子的想象力，锻炼孩子的语言能力。

☆《家长会了没》亲子阅读礼盒

这套礼盒精选了《大城市里的小象》《我的弟弟是超人》《我的宝宝是老板》《野孩子》《罗力小恐龙·我和老爸》《玩具船去航行》《敌人派》《方格子老虎》《我要大蜥蜴》《我的爸爸叫焦尼》《爷爷变成了幽灵》《抱抱我》12册经典绘本。每一册都涉及孩子在成长过程中需要与家长共同面对和解决的问题，包括自我认知、爱与陪伴、人际交往、情感启蒙、亲子沟通等，为家长在育儿过程中遇到的困惑与问题提供轻松、有趣、切实有效的解决方案，让孩子在阅读中感受爱的温暖、亲情的温馨、成长的烦恼和意义。

知 识 点

　　幼儿园阶段的孩子最适合阅读的纸质图书就是绘本和漫画了,因为比较符合这个阶段孩子阅读的特点,能够吸引孩子的注意力和目光,让孩子有很好的阅读初体验,对阅读这件事产生好感。我还根据自己的经验推荐了一些好看的绘本,希望可以帮到大家。

◆ 小学 1～2 年级图书特点

我们知道了幼儿园阶段的孩子在图书的选择上首选是绘本和漫画书，那么小学 1～2 年级的孩子该选择什么类型的书呢？

我们先来了解一下小学 1～2 年级的孩子的特点。对于这个年龄段的孩子来说，他们刚刚开始上小学，虽然有的孩子已经在幼儿园阶段就开始学习拼音，学习汉字，但其实更多的孩子还是会在上了小学后才开始系统地学习拼音和汉字，所以一般在刚开学的时候，孩子们认识的汉字还很少。而且从孩子们的自身发展情况来看，他们还处于"视觉思维"的阶段，喜欢看图片多一些的书，对长篇的故事书还不够有耐性和理解力，反而是好奇心更重一些。所以基于这种情况，孩子们在小学 1～2 年级的时候，更多的是喜欢看一些带注音的、有大图的、趣味性多一些的、篇幅比较短小的图书，比如十万个为什么、猜谜语、脑筋急转弯、成语接龙、小笑话等等。这些图书不仅短小有趣，还能帮助孩子们交流沟通，进行互动。

在小学 1~2 年级的时候阅读这些内容的图书，可以加快孩子们交朋友的速度哦！

记得在我儿子 1 年级的时候，有一次我带他去东北。在去机场的大巴车上，我们偶遇了和他年龄相仿的一个小女孩，两个小朋友根本不认识，但是因为都处于小学 1~2 年级的阶段，他们都非常喜爱脑筋急转弯和猜谜语，于是两个小家伙一路上都欢声笑语，一点都不寂寞。你说一条谜语，我来说一个答案；你再说一条脑筋急转弯，我就再来回答；最后两个人又玩起了成语接龙的游戏。他们一直玩了两个小时，乐此不疲。

我们想想看，这个过程给两个孩子带来了什么好处呢？首先，每一个脑筋急转弯都会促进两个孩子的大脑不断地运转和思考，时间久了大脑灵活度一定会提高；其次，两个孩子为了在一起玩游戏，就需要语言沟通，这个过程不仅通过说出来的话语进行了表达，更有脸上的表情，手上的动作，这些都是在沟通这个维度综合能力的锻炼和培养；最后，两个孩子的知识量一定是不同的，因为看的书的内容和数量一定不完全相同，所以在玩游戏的过程中，一定是会出现两种情况：要么重复已经学会的内容，这会加深他们的记忆，要么是补充了没有学过的内容，让他们学到了新知识。正是因为这个年龄段的孩子有好奇心，喜欢看这类有趣味性和有互动性的图书，才会促进了他们的这些游戏行为，进而也帮助了他们的语言能力、沟通能力和学习能力的提升！

所以，我是非常鼓励小学1～2年级的孩子去玩互动游戏的。一方面因为这个年龄段的孩子还没有更多的自主意识，思维也是比较开放的状态，家长鼓励他们去做，他们就会愿意去互动。另一方面是因为，在互动的过程中不仅培养孩子的多种能力，还能对孩子现有阅读能力提升进行"再促进"。这是什么意思呢？还是以上面举的我儿子和那个小女孩的事情为例，他们在玩猜谜游戏的过程中，还会出现另外一种情况，就是两个人出的谜语或提的脑筋急转弯，对方都猜不出来，想不到答案。遇到这样的情况，就会使他们产生两种情绪。一种是自豪感，孩子会觉得：你看，我多厉害！我懂的东西多吧！我说的问题你都猜不出来！这会让孩子更有读书的动力，原因很简单，因为他觉得读书多会带给他成就感。而另一种情况是：对方问了问题，他猜了半天也猜不出来，这个时候，孩子会产生羞愧感。这样一来，孩子就会回去好好读书了，因为他也不想下次在别的小朋友面前再丢脸。所以小学1～2年级的孩子们特点多么明显，他们爱互动，也更喜欢有趣味性的内容，作为家长，只要把握住这个年龄段孩子的特点，就能游刃有余地加以引导，帮助孩子学会更多的知识。

言传"声"教　读出未来
安娜妈咪让孩子爱上阅读

知 识 点

小学1~2年级阶段的孩子最适合阅读的纸质书，就是那些带注音的、有大图的、篇幅短小的、内容有趣的图书。作为家长，要多鼓励孩子进行互动游戏，促进他们的语言能力、沟通能力和学习能力的提升，增强他们爱阅读的信心，引导这个年龄段的孩子拥有"因为多阅读，就能多懂得许多知识"而带来的成就感，从而让孩子们更加喜欢读书。因为他们会觉得在书上学到的知识不仅可以用来玩，还可以让自己变得"很厉害"。

◆ 小学 3～4 年级图书特点

介绍过了适合小学 1～2 年级孩子的图书，那么小学 3～4 年级的孩子该选择什么类型的图书呢？步骤是一样的，我们先来看看小学 3～4 年级孩子的特点。对于这个年龄段的孩子来说，最大的特点就是他们已经形成了自主意识，有了自己的想法，无论是对文字的感知理解能力还是思考能力，都已经有了很大的提高。家长很容易发现，这个阶段孩子已经不像小时候那样，让他做什么他就会乖乖听从了，他们开始有自己的主见，开始选择自己想要的东西，甚至有时候还会跟你"犟嘴"，跟你辩论上几句。那么，适合这个阶段的孩子读的图书，就不再是简单的十万个为什么或者脑筋急转弯了，他们更喜欢有注音的、有情节的长篇儿童故事，因为那些有趣的带有情节的故事能更加吸引孩子的注意，引导他们进一步的思考。所以孩子们开始喜欢阅读比如《鲁滨孙漂流记》《绿野仙踪》《查理九世》这类的图书。

这里面有一个关于"图片"的关键点，我一定要加以强调。大家还记得吗，在前面的文章中，我说过孩子在幼儿园和小学

1~2年级的时候还处于"视觉思维"的阶段，而当孩子们成长到3~4年级以后，他们会有一个很重要的转变，那就是从"视觉思维"转换成"抽象思维"，这个时间点因人而异，有的孩子甚至从小学2年级下学期就开始转换了。家长朋友们可能会问，我们该怎么理解这个"视觉思维"和"抽象思维"呢？我来给大家简单解释一下。所谓"视觉思维"就是当人们看见一个生活中的场景时，就把眼睛当作照相机，"咔嚓"一下把眼前的景物照下来，这就是"视觉思维"。它是一目了然的，人们看到的任何景物都直接呈现在眼前，不需要解释就全都看得懂。那"抽象思维"是什么呢？就是人们把头脑中的这张照片用文字描述出来，通过文字的描述让看到文字的人可以知道对方头脑中的那张照片具体是什么样子的。说到这，大家有没有发现，这个从"视觉思维"到"抽象思维"的转变不就是孩子的作文当中的"看图写话"吗？如果这个思维转换得好，孩子的作文能力必然会有所提升。

当我们知道了这些原因以后，也就会明白为什么前文中提到的那位作协主席说，小孩子学习写作文要在小学2年级下学期以后才开始是比较好的了。因为这个年龄段的孩子不仅汉字认识得多了，理解力提高了，从个体发展的角度也正好是"视觉思维"向着"抽象思维"转换的时间，如果把握好这个时机进行作文能力的培养，自然就是最好的了。所以我想要告诉大家的是，家长在帮助这个阶段的孩子挑选图书的时候，就要注意"图片"的数量和大小了。3~4年级以前的孩子们都喜欢看带有大图的书，现在我们要逐渐把这些带有大图的图书替换成图片小一些、数量少一些的图书，让孩子逐渐习惯这种图少、文字多的图书形式，帮助孩子从"视觉思维"逐渐向"抽象思维"进行转换。关于这一点，家长朋友一定要记住哦！

其实，小学3~4年级的孩子在"阅读"这件事上正处于一个"巩固"和"爬高"的阶段。因为从幼儿园的绘本到小学1~2年级的趣味图书都是一个"兴趣培养"的阶段，我们所做的都是让孩子对图书有一个概念和一个"好印象"，而从小学3~4年级开始就不同了。我们开始要引领孩子进入阅读的"巩固"阶段，孩子们通过这些有情节的、长篇的、能激发他们内心的"感动"或"冒险"情绪的图书，知道图书是有内涵和深度的，这个阶段我们就是要帮助孩子们发现图书的迷人之处，让他们彻底爱上阅读。

最后在这里附加一个小提示，小学3~4年级的孩子正处于学习文化课的爬高阶段，有的家长朋友可能会担心孩子们因为看课外书而影响正常文化课的学习。我们可以这样做：给孩子规定一个原则，每天必须把作业和该学习的文化课完成后才可以看课外书，如果作业完成得又快又好，那么看课外书的时间就可以加长。这样做也可以提高孩子们的学习效率哦！

知识点

小学3~4年级的孩子最适合阅读的纸质图书就是那些带注音的、图片小一点也少一点的、有情节的、能够激发孩子们的阅读兴趣的长篇儿童故事书。家长要帮助孩子们在这个阶段进行"视觉思维"到"抽象思维"的转换，帮助孩子们巩固阅读的乐趣，让他们发现图书是有内涵、有深度的，让他们彻底爱上阅读。

◆ 小学 5~6 年级图书特点

上面介绍了小学 3~4 年级的孩子该选什么书，那么小学 5~6 年级的孩子该选择什么类型的书呢？老规矩，我们先来看看小学 5~6 年级孩子的特点。

对于这个年龄段的孩子来说，他们经过了幼儿园和小学 1~2 年级的阅读兴趣培养，再加上小学 3~4 年级阅读习惯巩固时期的过渡，当来到小学 5~6 年级的时候，孩子们已经大部分具备了阅读的良好习惯，而且他们认识的字也基本都能满足他们阅读的需要了，懂得的道理也很多了，对于这个阶段的孩子，我们主要帮助他们从阅读的"娱乐特性"走向"知识特性"，而且要告诉孩子们，从某种角度来说，图书是一种工具。

我在讲解选书过程中"感兴趣最重要"时举过一个例子，一个上幼儿园的孩子和奶奶一起逛书店，孩子喜欢漫画书，而奶奶想为孩子选名人传记，在这个时候我们应该顺应孩子的兴趣而选择漫画书。但是在那一篇文章中我也说了，奶奶也没有错，她希望让孩子学习更多的知识，本意是好的，只不过时机选得不是很恰当而已。正确的做法应该是在孩子上了小学 5~6 年级的时候，

已经养成了非常好的阅读习惯，无论是对知识的掌握还是理解力都达到了一定的高度后，再来引导孩子进行"知识型"图书的阅读。

这个年龄段的孩子，有一部分已经在3～4年级的时候看了非常多的娱乐型的图书，比如故事书、侦探冒险类图书，他们到了5～6年级的时候就会自然而然地进行新类别图书的选择，去探索"知识型"图书，比如有的喜欢历史类的，有的喜欢人物传记类的，有的喜欢科技类的，等等。但是，还是会有相当一部分孩子会沉浸在"娱乐型"的图书中无法自拔，碰到这种情况我们要怎么做呢？

首先我们要明确的是，孩子看"娱乐型"的图书并不是坏事，它同样能给孩子带来益处，我们不要全盘否定。我们之所以想让孩子探索"知识型"图书，是想要帮助孩子扩展读书范围。那么，在这个前提下，我们一定要记得我反复强调的那个原则，就是感兴趣非常重要。我们永远都要让孩子拥有一个自动自发的、"爱阅读"的状态，我们只能"引导"，而不能"强迫"。5～6年级的孩子已经有了很好的阅读习惯，家长们只要稍加引导，孩子自己会很好地进行阅读。比如一个朋友曾对我说，他们使用了"听评书"的方式引导孩子喜欢上了历史题材的"知识型"图书，这就是非常好的做法。其实这种做法的实质就是"讲故事法"，引导孩子发现这种图书中有趣的情节后自己主动去阅读。假如用了这种方法孩子还是不感兴趣，也不要着急，因为只要孩子已经有了爱阅读的习惯，家长们可以把一些类别不同的图书买几本放在他的书架上或者书桌上，让孩子能经常看到，时间久了他们自然会去翻开看的。因为每个孩子的性格和喜好都不同，我们没有办法一下子让孩子喜欢所有类别的图书，只能慢慢引导。

除了上面提到的这种情况外，还会出现一种状态，那就是有些老师或者家长特别希望孩子在小学 5～6 年级的时候去阅读一些大师的文集、名著之类的图书，但是我们要知道，对于这类的文章或者图书，需要读者有一定的阅历和感情基础，才能够看得懂作者想要表达什么。很多孩子没有这种阅历作为基础，怎么去理解作者呢？在这种情况下，我的建议是不要过早地逼迫孩子去阅读他们完全读不懂的图书，可以先让孩子知道有这类图书，或者带着孩子先简单地一起阅读一两篇，然后通过一些生活中的实践，帮助孩子找到这种感情基础，比如带着孩子去这个作品的创作地旅游，等有了这样的感情积淀的时候，再回头重新阅读，感受就会不同了。而且在这个过程当中，家长一定要和孩子"共情"，孩子无法体会的部分要带着孩子一起去看、去感受。一定要记得，家长只有走进孩子的内心，与孩子"共情"，共同成长，才能引导孩子理解书中的情感，达到一种阅读高度。千万不要只把书丢给孩子就算完成任务了，那样做，对于这种需要阅历才能看得懂的图书，孩子是很难驾驭的。

最后我要和大家分享的是，孩子在小学 5～6 年级的时候，家长一定要给孩子树立一个概念，就是"从某种角度来说，图书是一种工具"。我们可以通过"阅读"来帮助自己成长。为什么要让孩子树立这个概念呢？因为人的一生是没有办法把所有的书都看完的，我们也没有办法时刻跟在孩子的身边督促他们要学这个、学那个。家长要告诉他们一种方法，可以让他们自己进行"自我迭代"，这个方法就是不断地学习。从哪里学呢？从书中学，只要遇到难题，都可以在书中找到答案来帮助自己。具体要怎么做呢？家长可以先带着孩子去一次书店，带着孩子看各种图书分类，告诉他有多少种图书可以供他使用和阅读，那么以后在孩子的大脑中就会对图书有一个"全局性"的框架，知道除了自己喜欢的图书外，还有那么多种类的书可以帮助自己变得优秀。

知识点

小学5~6年级阶段的孩子最适合阅读的纸质图书就是具有"知识型"特性的一些图书，比如名著或者各种人物传记等。作为家长，要巧妙地引导孩子从"娱乐型"阅读转向"知识型"阅读，并且要告诉孩子，从某种角度来说，图书是一种工具，无论我们遇到任何难题，都可以向图书寻求答案，通过阅读来帮助自己解决问题。

7

让孩子爱上阅读的八个妙招

◆ 家庭微阅读时间

在前面,我用大量的篇幅和大家详细分析了纸质图书该如何选择的问题,并且也告诉了大家孩子从上幼儿园到小学5~6年级选择图书的要点,那么接下来,我将会告诉大家让孩子爱上阅读的"妙法八招",从而抓住培养孩子喜欢阅读的要点。

首先来讲第一招:在家中设置"家庭微阅读"时间。在解释这个妙招之前我要给大家讲一个真实的故事,大家听完也就明白了为什么要设置"家庭微阅读"时间了。

记得在2018年母亲节的时候,《新华日报》的一位记者给我做专访,采访结束后我们闲聊起关于家庭教育的问题,她给我讲了一个她身边的真实例子。她有个同事,这个同事小的时候,每次进家门,都会发现他妈妈在看书,而每次妈妈看电视的时候,看的也都是科教人文频道的节目,这样的细节常年如

此。于是这个人从小就很自然地模仿妈妈的行为，主动地去看书。因为他喜欢读书，也很喜欢科教人文方面的知识，所以他知识很渊博。当然，咱们也已经知道他后来的职业了，他成为《新华日报》的一位记者。故事讲到这并没有结束，就在这个人考上大学以后，剧情开始反转，他发现妈妈不再看书，而是天天织毛衣，看电视也不再看科教人文频道，而是看肥皂剧。他恍然大悟，原来妈妈是为了给他做一个良好的示范和榜样，才会在他的面前如此表现，而且一表现就是十几年。

我们得说这位母亲非常伟大，因为这样的坚持是很多人做不到的。生活中更多的情况是，家人一面看电视或看手机一面让孩子自己学习，或者是家人在打扑克打麻将，然后让孩子自己去学习。每当这个时候，孩子心里是怎么想的呢？孩子会想："假如学习这么好，为什么你们不去学呢？假如打麻将不好，你们为什么还去做呢？"所以我们说："身教大于言传。"你说了什么不重要，做了什么才重要。作为父母我们要给孩子良好的示范。说到这里，很多家长又会问了："我们该怎么做呢？"其实很简单，如果让每个父母都像前面说的那位妈妈那样，每天看书、看科教节目十几年，估计大家都会说做不到，就像很多妈妈热衷于减肥，但是如果一开始就难度非常大，告诉她一天要跑步10公里，或者告诉她要每天花3小时健身，我觉得很多人不要说坚持下去，就是刚一听到就会退缩了。我告诉大家的一定是简单易行的办法，因为只有简单易行的方法才更容易坚持下去，而只有坚持下去，真正实现落地执行，才会最终产生效果。所以我说的这个方法就叫作"家庭微阅读"。希望可以用简单的、容易操作的方式来达到我们的目的。我们每天花上10分钟的时间，全家关上电视、手机，一起拿起书本，营造阅读氛围，让孩子的头脑中有"阅读"的概念和行动，像这样，每天坚持10分钟，就可以让孩子养成爱阅读的好习惯了！

其实我们今天说的"家庭微阅读"时间的核心概念有两个：一个是"身教大于言传"。我们的小宝贝在成长过程中，时刻在模仿家长的行为，家长在做什么，孩子的眼睛和耳朵都会非常准确地记录下来，然后进行复制。如果家长在孩子面前多看书，孩子就会复制看书的行为；如果家长在孩子面前打麻将，那孩子怎么可能不认识幺鸡和二饼呢？其实不光是孩子，哪怕是已经养成习惯的大人，说话的方式、思维的模式、习气等也都会受到身边人的影响。我们经常说"近朱者赤、近墨者黑"，这句话如果放在孩子身上，作为家长的你到底是孩子的"朱"，还是"墨"呢？

"家庭微阅读"的另一个概念，就是"让阅读像种子一样种在孩子的大脑中"。要想孩子喜欢阅读，就一定要让孩子的大脑对"阅读"有特定的概念，并且能够强化印象。这样常常被唤醒，孩子对"阅读"的印象才会越来越深刻。我们想想看，一件事不

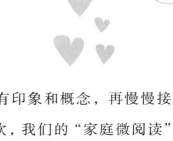

可能凭空被孩子接受和喜欢,一定是先有印象和概念,再慢慢接触,然后发现了其中的好处才会变成喜欢,我们的"家庭微阅读"就是用这样的方式在孩子的大脑中种下"阅读"的种子。当然,为了能够让孩子脑中对"阅读"的概念更为深刻,我的建议是把"家庭微阅读"时间固定在每天特定的时间段,这样,效果就会更为明显。

知识点

这一篇我们学习了让孩子爱上阅读的第一招:设置家庭微阅读时间,每天用固定时间全家一起阅读至少10分钟。并且请大家注重"身教大于言传",多给孩子树立榜样,营造良好的氛围。作为家长的你,千万别成了孩子"近墨者黑"的那个"墨"。

◆ **睡前故事时间**

前面我们介绍了让孩子爱上阅读的第一招:设置家庭微阅读时间,也了解了"身教大于言传"的重要性。现在再给大家讲一下让孩子爱上阅读的第二招:设置睡前故事时间。

前面的文章中我们讲过,听故事对孩子来说是一种非常好的阅读方式,孩子可以在碎片化的时间里听故事,比如在车上、在洗漱的时候、在一些空当里。但是从培养孩子爱上阅读的角度,我们要着重强调一下"一定要设置睡前故事时间",这是为什么呢?

我们既然要让孩子爱上阅读,那么这件事情在孩子的大脑中一定要有一个印象深刻的概念,就像上一篇文章提到的那样,要在固定的时间进行"家庭微阅读",设置睡前故事时间也是同样的道理。我们用这种方式来促进孩子对阅读这件事的深刻印象的形成。如果孩子睡前看动画片的话,思维会随着鲜艳的画面色彩而变得很兴奋,这就会让孩子很难进入睡眠状态,所以从这个角度看,睡前给孩子安排一个与看电视或视频无关的事情才是比较正确的做法。那么,具体怎么做呢?

首先,从时间的角度来说,我建议在孩子睡前20分钟操作这件事情,如果怕选书或者选择听书的时间不够,那可以在睡前半个小时开启睡前故事时间。

其次,从孩子的年龄段上来说,我建议"设置睡前故事时间"在孩子3～6岁期间进行,或者往前可以提早到2岁半,往后可以延长到小学1年级,根据孩子的具体情况而定。当然,如果是从"学习"这个角度来说,是可以一直持续下去的,甚至我们成年人如果能养成睡前看书或者听书的习惯也是不错的。这里说的从2岁半到小学1年级的睡前故事时间,仅仅是从培养孩子阅读兴趣的角度来定的。

第三,我们从睡前故事时间的形式上来说一说。睡前故事时间可以分两种形式:一种是家长亲自做"亲子阅读",与孩子共读;另外一种是让孩子收听儿童故事。关于亲子阅读,我会在后面的文章中告诉大家具体的做法,这里主要说收听儿童故事的部分。我在前面提过,我有很多的小粉丝养成了不听故事不睡觉的好习惯,其实这个习惯是非常容易养成的,因为儿童故事都是非常有趣的,能极大地激发孩子们的兴趣,完全符合孩子们的需求,孩子们自然而然地就被这些引人入胜的儿童故事吸引了。而且我还说过,每一个儿童故事都是一篇非常优秀的作文范本,语句完整、情节连续。如果宝贝们把"听故事"当作是和睡觉前要洗脸、刷牙一样的固定式动作,那么就会主动地每天听1～3个故事,这样积累下来，一年就是听了300~900个优秀作文范本，积少成多，这对孩子来说，是多么巨大的收获啊！

在这里，我要讲一讲睡前听故事对我儿子真真切切的影响。

我是在儿子3岁的时候开始做"安娜妈咪教育频道"的，儿子一直跟随着我的节目听了5年的儿童故事，成为那个"不听故事不睡觉"的孩子，每晚都必听4~5个故事。起初，听故事的好处只是在我儿子平时说话的"词汇量"上有所体现。当然，每个孩子的体现形式是不同的，他主要就是体现在说话用词比较丰富上。到了小学2~3年级的时候，我发现他在作文上有了很好的基础。家长们可能会问，这个基础是怎么体现的呢？还是举一个我儿子的例子吧。有一次我婆婆打电话过来和我儿子聊天，婆婆说："小宝啊，你给我念念你写的作文吧！"小宝说："好啊。"于是我儿子就把自己写的作文都找出来，一篇接一篇地念，每念完一篇，我婆婆都会惊呼："哇，小宝，你的作文写得真好啊！你怎么这么会写作文呢？"我儿子在念这些自己写的作文的时候，我也在边上仔细地听，我心里也觉得儿子的作文写得很好，于是我当时就想，为什么我会觉得儿子的作文写得好呢？后来再听过几篇后，我发现了一个答案，那就是儿子写的这些作文，都非常像"儿童故事"，所以我才会觉得好听。通常，不太会写作文的孩子或者成人都是怎么写作呢？他们只会把事情很直白地表述出来，没有任何感情色彩，最多只能算是写清楚了一件事而已。好的作文是什么样的呢？宽泛地说，它会有景物的描写、人物的描写、事物的脉络等，具体地说，更会有人物内心状态，包括人物表情的细节描写，还会安排有趣的情节转折，等等，所以，经过这样的分析，我发现儿子之所以被大家说作文写得很精彩就是这个原因，他把过往5年内听过的那些儿童故事中有趣的情节和描写人物、景物的方式方法，以及他认为很好的词汇都用到了自己写的作文中。别的孩子可能头脑中没有那么多的故事框架和内容，但是他的头脑中早已经有了成百上千个故事模板啦，所以自然就写得好啦！得到夸奖的儿子自己还不觉得什么，他说："如果你们不夸奖我作文写得好，我也不知道我的作文原来写得这么好啊！"这就更证明了，很多事情就是潜移默化的结果。这些儿童故事已经完全储存在了孩子的大脑中，而我也相信，只有这样，才能时刻地影响着孩子。

知识点

这一篇我们学习了让孩子爱上阅读的第二招：设置睡前故事时间。每天把睡前半小时的时间固定下来作为睡前故事时间，让孩子养成听故事的习惯，帮助孩子培养良好的阅读习惯，进而提高孩子的写作能力。

◆ 家庭小书架

上一篇我们介绍了让孩子爱上阅读的第二招：设置睡前故事时间，让孩子养成睡前听故事的好习惯。接下来我们介绍让孩子爱上阅读的第三招。在给大家做具体讲解之前，我一定要强调一下这一招的主要目的是什么。我们在家中帮助孩子设立一个小书架，最主要的目的就是让孩子知道家中有"书架"这样东西的存在，通过书架可以拿到自己喜欢的书，从而不断地加深"图书"在孩子大脑中的印象。我以为，如果想让一个人喜欢一样东西，最简单的方法是，在最开始的时候一定要让这样东西常常出现，加深印象。其实这和我们成年人对身边人的印象是类似的，我们回想一下就会发现，如果一个朋友经常出现在我们面前，相比那些不常出现的朋友来说，我们对他就会多一份好感。这个规律可以应用到各种领域中。所以我们在培养孩子爱上阅读的时候，也可以应用这个规律，从各种角度去加强孩子对图书的印象，从而获得一份好感。

在明确了设立家庭书架的目的后，就要开始研究如何操作了。第一，要先带着孩子去一趟书店，让他自己进行挑选"有好感的

图书",第一次可以挑选5本左右,一定记得全程都要让孩子自己挑选他喜欢看的图书。第二,把这些图书带回来以后,和孩子商量把它们放在一个专属的位置上,当作他自己的小书架。第三,告诉孩子,这个书架是属于他的,无论是日后如何阅读,还是平时的整理,都由孩子自己负责,他就是这个书架的主人。第四,就是以后再去书店的时候,每次只买一本书,为这个书架"增添新的成员"。

通过这四个步骤,大家就知道这个家庭小书架该怎么来设置了。这里还要和大家强调一些关键点。这个书架,重点在于是孩子自己设立的。书是孩子自己挑选的,书中是他们喜欢的内容,书架的位置也是家长和孩子一起商量出来的,孩子在这个过程中充分参与了进来。然后再告诉孩子,这个地方从此归他管理了,他是主人,别人无权过问。最后再引导孩子为这个小书架增添新的成员。整个的过程,都在不断地强化孩子对图书的印象,而在强化的过程中,最好的方式就是"直接参与",所以我才强调全程一定要孩子自己参与完成,而不是家长代劳。

可能有的家长会问,这个"直接参与"有那么重要吗?我帮他把书买好,书架做好,放好,再告诉他这个是他的,不是一样的吗?答案是,不一样。打个比方,我们在生活中,身边有很多人不认路,特别是女生。可能跟着别人一起走,走过很多次相同的路,也还是记不住。又比如做饭这件事,我们从小到大看过多少次父母在厨房做饭的样子,但并不是每个人都学会了做饭。对待这样的问题,只要改变一下方式,让不认路的人自己走一遍陌生的路,让不会做饭的人自己做一次饭,马上就见效了。原因是什么呢?就是因为只有"直接参与",大脑才会对这件事高度重视,每一个操作细节都会深深地印在大脑中。只有自己"直接参与"的事情,对自己来说才更重要,而且只有自己付出精力和劳动的事情,才会更珍惜!所以,对待书架这件事,也是同理,只有让孩子从选择图书到选择书架的位置,再到管理书架,为书架增添新的成员都"直接参与",孩子才会对图书的印象最深刻,对自己挑选和管理的书架更爱惜。

当孩子开始渐渐和他的小书架产生了情感链接后,家长要帮助孩子学会图书整理。家长可以和孩子说:"宝宝,你的书架就是你的小伙伴,你一定也希望你的小伙伴更干净、更漂亮吧?我们一起帮它打扮打扮好不好?"这个时候,即便得到了孩子的同意,也请家长朋友不要直接动手帮孩子整理书架,而是帮助他分析这个书架怎么整理才好看。让孩子自己动脑筋想办法,经过一次一次的实践,发现用怎样的摆放方式才让他的小伙伴更漂亮。

在这个整理图书的环节中,我为什么不让家长直接示范最好的摆放方式呢?原因就在于,第一,家长一帮忙,孩子就会觉得以后家长还会帮他整理,而当他对家长产生了依赖,就对书架的链接减少了。第二,我们使用刚才的方法引导孩子多分析、多实

践，就会让孩子明白，只有通过思考和实践才可以一步一步地达到想要的目标，这是一个非常好的教育孩子的机会！而且经历这些过程后，孩子也会逐渐产生成就感，真是一举多得啊！

知识点

这一篇我们学习了让孩子爱上阅读的第三招：设置家庭小书架。设置家庭小书架的整个过程一共分四步，这四个步骤，我们要鼓励孩子自己完成哦！

◆ 书伴左右

上一篇介绍了让孩子爱上阅读的第三招：设置家庭小书架，让孩子自己全程参与小书架的设立，并且亲自管理。接下来给大家讲一下让孩子爱上阅读的第四招。

这第四招叫作"书伴左右"，顾名思义，就是说图书要常常陪伴在孩子左右。其实这一招从字面上很好理解，其目的就是要让图书经常出现在孩子身边，让孩子对图书有深刻的印象，加深孩子与图书之间的情感链接，习惯并喜欢有图书陪伴的感觉，进而让孩子爱上阅读。

关于这个"书伴左右"的方式方法，我们也在生活中能够见到。

我是个东北人，有一次回到东北看老中医。老中医家里有一个小孙子，他很喜欢读书。一次，我拿起他在看的一本书，发现是《鲁滨孙漂流记》，这本书字多图少，看过我前面文章的家长们一定知道，这种类型的图书应该是 3 年级的小朋友才爱看的，但是我面前的这位小朋友才刚刚上 1 年级，如果按照正常的规律的话，他应该喜欢看那种图多字少、有

注音、情节有趣的猜谜语、十万个为什么之类的,而不是《鲁滨孙漂流记》,所以这个孩子的状态,应该可以理解为在阅读这件事上"跳级"了。对于这样的情况,我很仔细地观察了一下他平时的阅读习惯。首先他的妈妈在这位小朋友幼儿园的时候做了非常多的亲子阅读,家里有很多绘本,所以这个孩子在小的时候就喜欢翻看图书。很显然,第一步走得很顺利也很正确;除了这一点外,他妈妈每个周六都会带他去图书馆看书。我还发现了一个小细节,这个小朋友在出门前很自然地拿起一本书放进了自己的背包里,然后出门了。

其实,我想跟大家强调的就是这个"书伴左右"的习惯,当一个孩子很自然地养成了"出门就拿上一本书放进书包里"的习惯的时候,他的阅读习惯和能力能不好吗?他只有常常把书拿在手里,才可能增加翻开来看的概率,我们家长做什么都比不上一个孩子自动自发地养成一个好习惯来得重要,因为阅读已经融入了这个孩子的生活中,成为不可分割的一部分,这将会对孩子产生深远的影响。

当然,我们不能强求所有的孩子都和我上面举例的那位小朋友一样,1年级就有了3年级的阅读水平,这是不现实的,因为每个孩子的基础不同。就像参加了安娜妈咪少儿口才课的孩子,同一个老师教,有的孩子就能轻松拿到省里的奖项,而有的孩子只能提高一点点。原因是孩子的基础和悟性不同,不能一概而论。

但是，我们可以吸取好的方式方法，对孩子的行为和思想进行"促进"，逐步引导孩子培养出好的习惯来，比如"书伴左右"。我们知道图书是一样便于携带的物品，我们随时都可以带一本书在身边，有空的时候就可以拿出来翻阅，哪怕是一点一滴的时间，积少成多，这样的好习惯也会让孩子多学会很多知识。那么，为了培养孩子们的这种好习惯，我们家长可以在带着孩子出门的时候，自己先带上一本书，再慢慢影响孩子也带上一本书出门，次数多了，时间久了，孩子自然就形成习惯了。

"书伴左右"的核心是让孩子常常看到书，那么，我们可不可以把这个概念进行扩展呢？把我们让孩子看到书的地方变多，是不是也会同样促进孩子对图书的好感呢？我们可以在车里放着书，在卧室的床头放上书，在你认为可以看书的地方放上书，这就是一种读书氛围的营造，在这样的家庭或者氛围中，我们的孩子一定会爱上阅读的。

> **知识点**
>
> 这一篇我们学习了让孩子爱上阅读的第四招：书伴左右。这个方法可以帮助孩子养成出门的时候带上一本书的好习惯，尽量让孩子常常看见书的存在，使孩子渐渐养成爱阅读的好习惯。

◆ 亲子绘本剧

上一篇文章我给大家介绍了让孩子爱上阅读的第四招：书伴左右。要让孩子养成出门随身带一本书的好习惯。接下来给大家介绍一下让孩子爱上阅读的第五招。

这第五招"亲子绘本剧"，应该说是特别容易激发孩子阅读兴趣的一个方法，它是亲子阅读的一个延续。家长们平时和孩子做亲子阅读的时候，基本上都是拿着一本绘本讲给孩子听。孩子是不动的，仅仅是一个小"听众"。而亲子绘本剧的精髓就是，把这个绘本故事"表演"出来，这种形式的益处非常大哦！

我们先来看看"亲子绘本剧"的具体做法。第一步是讲故事，我们要先把这个故事的内容讲给孩子听，让孩子知道这个故事里面都有哪些角色和景物，以及大概的情节是什么。第二步，定角色，就是和孩子商量一起以游戏的形式把这个故事表演出来。一般情况下，孩子们对这个提议都是非常喜欢的，参与度也非常高。于是我们就可以和孩子一起分配角色，比如，要表演小红帽的故事，爸爸可以演大灰狼，孩子演小红帽，妈妈来演外婆。友情提醒一下大家，一定别忘了要选择一个人做旁白哦！当然旁白的工作也可以由其中一个角色重叠担当，也可以单独安排一个人独立担当，因为儿童故事想要表演出来的话，必须要有旁白加以描述才行。分配好角色后，第三步是梳理台词，家长可以把故事中的人物台词梳理出来告诉每一个扮演者。这里还要解释一下，台词的背诵不必非要一字不差，孩子或者家长可以随机应变，只要不影响整体情节发展就可以了。第四步就是把每个角色出场的位置安排好。当这四步都做好以后，就可以开演啦！在演的过程中，还可以自由地加上动作和表情，让这个故事更为生动，让孩子们开心地融入故事当中，这样，他们就会慢慢喜欢上儿童故事，慢慢地去探索更多的故事和绘本。

这个就是我向大家介绍的普通的亲子绘本剧，它是把一个绘本故事演绎出来，让故事显得更生动，更有趣味性。

那么，在此基础上还有没有拓展呢？当然有，在表演的过程中因为角色台词的变更，整个故事的剧情可能会发生一些改变，我们可以巧用这个现象，引导孩子进行发散思考，鼓励他们设计出不同的故事结局，这也是增强孩子想象力的一个好方法哦！

除了故事内容的拓展以外，亲子绘本剧的表演场地也是可以灵活安排的。我在节目中也常常会告诉家长朋友，比如在车上、在户外都可以进行亲子绘本剧的表演，尤其是在车上的时候，孩子们一般都会很无聊，不愿意一直长时间地待在车里，这个时候表演亲子绘本剧就是非常好的选择。轻松地把孩子的注意力转移

到有趣的绘本剧上,不仅解决了在车内无事可做的问题,还促进了孩子的阅读能力发展。家长朋友对此可能会有疑问,在车内不动的情况下要怎么表演呢?其实,我们在这个情境下,前面的几个步骤,比如讲故事、分配角色、梳理台词之类的都是一样操作的,只有在表演的时候,如果正好车上有手偶就拿手偶做角色,如果没有手偶,可以拿手来代替,这样就可以让这个角色"动"起来了。

亲子绘本剧除了可以让孩子爱上阅读外,还有一个非常重要的作用,那就是可以有效地促进和改善亲子关系,这就是我为什么称之为"亲子绘本剧"而不是简单的"绘本剧表演"。在我们的家庭生活中,亲子关系尤为重要,这是现在以及未来我们和孩子们能否进行良好沟通的基础,而亲子关系在轻松愉悦的游戏中培养是最好不过了,像我们在这里所讲的"亲子绘本剧"。因为儿童故事通常都是很有趣的,在表演的过程中更是会出现滑稽和笑场的情况,这能大大地拉近家长和孩子的距离,从而有效地改善亲子关系。

知 识 点

这一篇我们学习了让孩子爱上阅读的第五招：亲子绘本剧。通过和孩子一起对绘本故事进行演绎，让孩子真切地融入故事当中，让感受更真实，情节更生动，进而让孩子爱上故事、爱上阅读，而且重要的是，这个过程还能有效地增进亲子关系哦！

◆ 走入真实的"书"中

上一篇中,我向大家介绍了让孩子爱上阅读的第五招:亲子绘本剧。我们在家中或是其他合适的地方营造有趣的、真实的儿童故事情景剧氛围,通过让孩子亲自演绎儿童故事,从而激发对儿童故事的喜爱,让孩子爱上阅读。接下来给大家介绍让孩子爱上阅读的第六招:走入真实的"书"中。

说到这个妙招,其实也可以理解为是"阅读方式的补充",或者是"阅读书本内容的辅助条件"。这要怎么理解呢?我们先来看看"阅读方式的补充"。首先,走入真实的"书"中,主要就是让孩子多去大自然或者其他地方进行实地见闻。我们仔细想想,让孩子多读书、多听故事的目的是什么,我们是希望孩子通过这样的方式获取更多的知识、懂得更多道理、更多地了解我们身边难得一见的事物,从而丰富孩子们的大脑,开阔他们的眼界,为他们打下良好的知识基础。如果是本着这个目的的话,提高阅读能力的形式其实可以不仅仅限定在"看纸质图书"和"听故事"这两种方式上,阅读的方式还可以有一些其他形式作为补充。比如看电影是通过电影的内容来阅读生活；比如和优秀的人聊天，是在用语言交流来阅读人的思想。这么说来，走入真实的"书"中，就相当于大家可以把旅游地当作一本真实的书来看待，可以把电影当作一本书来看待，甚至把一次有益的交谈当作一本书来看待。我们可以选择去一些在书中描写过的地方，也可以去一些自身带有深厚的文化底蕴的地方，我们带着孩子来到这些地方，通过在这些地方的所见、所闻去真实地感受和综合地学习，一定会收获很多书本之外的知识。所以说走入真实的"书"中是"阅读方式的补充"。

我们接着说一下为什么说走入真实的"书"中也是"阅读书本内容的辅助条件"呢？

我在2019年新年的时候去了一趟西安，在去西安之前，我自然是从书本上或是一些节目中了解过西安的，可是从真正意义上来说，仅靠书本上的描写我就能对西安这个城市了解得非常透彻和明白吗？答案肯定是不能。我必须亲自到西安去感受一下当地的风土人情，感受一下那里的建筑风格，欣赏一下那里的风景名胜，这才会对我在书本上看到的西安更好地进行补充，让我对这个城市的印象更为具体和真实。甚至说，我在书本上看过再多关于西安的介绍，都不如我亲

自到那个地方看过之后带给我的综合感受来得具体。所以走入真实的"书"中也是"阅读书本内容的辅助条件",可以帮助孩子更好地理解书本上的内容。

说到这里,可能很多家长会问:"走入真实的'书'中对孩子爱上阅读有什么帮助呢?"其实是这样的,我们通过带着孩子走入真实的"书"中,通过亲身实践去感受、去体验书本中提到的内容,就会降低对图书内容理解的难度,而这就是关键。孩子如果在阅读的过程中不断地发现理解上有难度,而且是以他的视角和高度无法解释的,时间一长,孩子自然就会对图书产生厌倦或排斥的情绪,很有可能就不太愿意继续阅读这一类型的图书了。如果我们能够用走入真实的"书"中这个方法,让孩子多一些角度去理解书中所写到的内容,孩子自然就会快速、直观地懂得书中到底写了些什么,降低了阅读难度。同时孩子们也会发现,学习新知识没有想象中那么痛苦,自然就愿意继续不断地阅读和学习,循序渐进地提高。这就是为什么说走入真实的"书"中可以帮助孩子们爱上阅读。所以,家长朋友们,在空闲的时候,应该带着孩子出去多多去体验哦!

知识点

这一篇我们学习了让孩子爱上阅读的第六招：走入真实的"书"中。我的观点是，鼓励家长多带着孩子去书中描写过的地方或者有文化底蕴的地方进行真实体验，丰富孩子们对这些地方的直观印象，从而促进他们对书本内容的理解，降低阅读的难度，拉近孩子和书本的距离，让孩子喜欢阅读！

◆ 好玩的无限扩展法

前一篇文章我给大家介绍了让孩子爱上阅读的第六招：走入真实的"书"中。让孩子多在大自然或实际体验中理解书本上的内容，从而降低孩子对图书内容的理解难度，让孩子爱上阅读。接下来给大家介绍让孩子爱上阅读的第七招：好玩的无限扩展法。

什么叫"好玩的无限扩展法"呢？我们先来探求一下孩子们爱上阅读的基础原因是什么。其实相信家长们从前面的文章看到这里，一定发现了，我在不断地用各种方法降低在孩子心中图书的阅读难度，并用各种方法引起孩子对图书和阅读的兴趣。这其中我所表达的核心概念就是，让孩子觉得阅读是一件很有意思的事情。其实，不光是阅读，我们做任何事情，哪怕是接触某事、某人，我们的潜意识都是很自然地接近能让我们开心快乐的事物或人。相反，如果一件事情或一个人让我们觉得与之接近是一件很痛苦的事，那么我们会自然地选择远离。所以，我这里要讲的"无限扩展法"也是想帮助孩子们在阅读中找到乐趣。

说完这个方法的道理，我们开始说说具体做法。首先，这个"无限扩展法"用在何处？这个方法我们主要和"亲子共读"或"亲子绘本剧"搭配在一起使用。通常，我们在拿到一本绘本或图书和孩子进行亲子共读的时候，首先能想到的只是把这个故事读给孩子听或者和孩子共同完成阅读，读过之后就把书放到一边去了，很少有人会想想这本书还可不可以再一次被"延续阅读"。所以我们的"无限扩展法"就是用在这里的。通过"无限扩展法"来对绘本或者图书进行"延续阅读"。

接着我们再来说说"无限扩展法"的具体做法。家长们在给孩子讲完一个绘本故事或者和孩子一起看完一本书后，我们要问孩子一个问题，引导孩子对这个故事进行"再思考、再创作"。我们以《三只小猪》的故事为例，当我们给孩子们讲完这个故事时，可以问孩子一个问题："宝贝，你说大灰狼被三只小猪打跑了以后，还会发生什么事情呢？"这个时候，孩子就会顺着你的问题进行延续思考了。他可能会说："妈妈，我觉得大灰狼虽然被打跑了，可是他也许还惦记着吃小猪的肉，于是就会去搬救兵啦！"这个时候你可以继续引导："宝贝，那这只狼回去以后要怎么搬救兵呢，他会怎么说呢？"孩子就会继续顺着你的问题思考并回答，像这样大概问两三个问题，基本上就相当于孩子自己把这个故事进行续写了。而且在续写的过程中，孩子会因为情节的灵活性而感到很有意思，他们可

以随意地按照自己的想法安排情节。像这样的阅读氛围和方式，孩子们一定会越来越喜欢阅读的。

最后，我再来补充说明一下这个"无限扩展法"的好处都有哪些。我们在用问题引导孩子对一个故事进行续写的过程中，可以充分地激发孩子的想象力，让孩子尽可能地发散思维，对事物发展的可能性进行无限想象，而不是让孩子的大脑被禁锢在一个"固定的结果"中不知变化。除了想象力的激发以外，我们引导孩子续写故事，这也是一种创作，或者说是在文字领域的一种创造力的提升。细想想，我们阅读的每一本书不都是作者创作出来的吗？所以这个能力的培养也是必要的。"无限扩展法"还有一个好处，就是可以在引导孩子进行"故事续写"的时候，对孩子做事、做人的价值观加以树立和引导，比如，《三只小猪》的故事的核心价值观是：弱者齐心合力，运用智慧打败了强者。那么当孩子续写"大灰狼可能会回去搬救兵继续想要吃掉小猪"时，大灰狼作为强者，要欺负三只小猪这几个弱者，这个行为显然是不对的。这个时候，有没有可能出现一个"森林王者"来制止大灰狼的做法呢？所以，在续写的过程中，家长可以帮助孩子把正确的价值观融入续写的故事中，这一点对孩子的成长也是非常重要的。

知识点

这一篇我们学习了让孩子爱上阅读的第七招：好玩的无限扩展法。用这个方法可以激发孩子们的"想象力"和"创造力"，并且让孩子觉得通过无限扩展法，绘本故事或图书内容会变得具有灵活性和不确定性，激发孩子对阅读的兴趣，让孩子爱上阅读！

◆ 借助小伙伴的力量

上一篇我向大家介绍了让孩子爱上阅读的第七招：好玩的无限扩展法。通过对绘本故事或图书内容的续写激发孩子们的想象力，让他们感受到更多阅读的乐趣。我们接着讲一下让孩子爱上阅读的第八招：借助小伙伴的力量。说到这招"借助小伙伴的力量"，我要举一个我儿子的例子。

我儿子现在已经上小学三年级了。他非常爱读书，每次都不用我催促他完成阅读，而是主动地和我说："妈妈，我又看完一套书，能不能再帮我买一套啊？"像这样的结果，估计很多家长都会觉得非常好，阅读已经从被动变成了主动，而且作为家长的我们也省力很多。大家一定想知道是什么原因让他变得这么爱阅读，当然除了我前面讲过的所有方法以外，这里要特别说说"小朋友和小朋友之间的互相促进"，也就是"借助小伙伴的力量"。

很多家长都认为阅读是孩子自身的问题，其实营造环境很重要，这也是为什么我在最开始说过"身教大于言传"非常重要了。不过这个"身教大于言传"的基础是家庭氛围，还有孩子的"学习圈"和"朋友圈"带来的影响。不知道家长们有没有发现，一个孩子如果看到小伙伴有一辆爆裂飞车，就会央求家长给他也买一辆，或者是看到别的小朋友在吃冰淇淋，他也想吃。孩子的圈子和咱们大人的圈子基本状态是差不多的，会存在互相影响的现象。我记得当时给我儿子买《查理九世》那套书的时候，就是因为有一次他和我聊天，说他的同学有《查理九世》，他借来看了一下觉得很好看，所以他也想买。可见，孩子在看书这个领域也是受到他们的"朋友圈"的影响的。小伙伴爱看书，他也跟着看，小伙伴爱看什么书，他也就爱看什么书。这还只是单个的小伙伴之间的影响，如果是整个班级、整个学校的小朋友都有这样爱读书的氛围呢？那我相信，即便不爱读书的孩子也会变得爱读书了。像苏州这座城市就是非常重视阅读的，每年的四月份，都会借着世界读书日的机会，大力度地推广"全民阅读"。而且最重要的是，每所学校也都大力地执行"全民阅读"的措施，孩子们从上小学开始就每天有晨读时间，老师也会要求孩子们从小学1年级开始就每天带课外书去学校进行集体阅读。学校里也有校内图书馆可以让学生们借阅图书。在这样的环境影响下，所有的孩子都是爱读书的，同时也爱讨论书中的内容，觉得有趣的书，他们还会在讨论过后互相借阅。在这样的环境下成长的孩子，想不爱阅读都是不可能的！

　　当然，并不是所有的学校都能做到像苏州的学校一样重视阅读，营造阅读氛围，我们在生活中有什么方法可以帮助孩子打造爱读书的"朋友圈"呢？首先，家长要注意观察，孩子在学校里或者小区里一定

有经常一起玩耍的好朋友,在了解了这些好朋友的情况后,可以在家里设置一个"小书桌",放上孩子们喜欢的图书(每个年龄段的孩子都喜欢什么类型的图书我前面讲过,不记得的朋友可以回头翻阅哦),邀请孩子的好朋友们每周末来家里一起看书。还可以设置一些读书小游戏,比如猜谜小奖励、看书认真小奖励、复述书中故事小奖励等等,这些小游戏既有趣又能促进孩子爱读书。总之,重点是把宝贝的"朋友圈"聚合在一起进行"共读"。偶尔也可以送给这些小朋友一些书作为礼物,引导和促进他们阅读,时间长了,次数多了,孩子们就会慢慢养成爱看书的共同习惯了。当然,家长们也可以联合起来,把这些小朋友轮流邀请到家中进行阅读活动,这样,孩子们就会互相促进,对这些家庭也会互相影响,慢慢地让这些孩子都养成爱阅读的好习惯,而且还帮他们加强了好朋友之间的共同爱好,对于他们之间的友谊也是不断促进的!怎么样,打造孩子身边"爱读书的朋友圈",大家学会了吗?

知 识 点

这一篇我们学习了让孩子爱上阅读的第八招:借助小伙伴的力量,用这个方法帮助孩子打造"爱读书的朋友圈",让孩子们互相影响,爱上阅读!

2 你也能成为故事大王
——讲故事的技巧

1

什么是亲子阅读

在前面的文章中,我介绍了阅读的重要性,也介绍了从幼儿园到小学 6 年级该怎么选书,同时还讲解了培养阅读习惯的好方法都有什么,相信看了这些内容的家长朋友一定收获到了非常多的"干货"。从这个章节开始我们进入了一个新的板块,那就是"你也能成为故事大王",在这个板块中我会为大家解读用什么样的技巧和方法做好亲子阅读。把故事讲好,让家长在亲子阅读中成功吸引孩子的注意力,让好听的故事吸引孩子,从而让孩子喜欢故事、喜欢阅读。

首先,我们先来说说什么是亲子阅读。为什么要进行亲子阅读呢?很多家长都知道亲子阅读很好,也很重要,但是并没有很明确地去了解到底什么是亲子阅读。

亲子阅读又称亲子共读,就是以书为媒介,以阅读为纽带,让孩子和家长共同分享多种形式阅读的过程,是让孩子爱上阅读

的最好的方式之一。当爸爸妈妈和孩子共读一本书时,很容易让孩子觉得读书是一件非常快乐的事情,进而更愿意自发地去阅读。

亲子阅读,让父母与孩子共同学习,一同成长;亲子阅读,为父母创造与孩子沟通的机会,分享阅读带来的感动和乐趣;亲子阅读,可以带给孩子欢喜、智慧、希望、勇气、热情和信心。

苏霍姆林斯基指出:"所有那些有教养、品行端正、值得信赖的年轻人,他们大多出自对书籍有着热忱的家庭。"吉姆·崔利斯《朗读手册》上引用过这样一首诗:"你或许拥有无限的财富,一箱箱珠宝与一柜柜的黄金,但你永远不会比我富有,我有一位读书给我听的妈妈。"这首诗告诉我们亲子阅读的重要作用。

亲子阅读,被越来越多的年轻父母所认可,被早期教育所推崇。有的家庭为孩子选购图书甚至每次都花费成百上千元。毋庸置疑,亲子阅读能培养孩子的学习兴趣,还能培养口语表达能力,拓展思维等。更重要的是,给父母创造与孩子沟通以及分享读书乐趣的机会。

所以,从上面的表述我们可以清楚地知道,亲子阅读有三个核心:第一个是这种家长与孩子共同阅读的形式;第二个是亲子阅读可以促进亲子关系的融洽;第三个是亲子阅读可以间接培养和提升孩子的口语表达能力,提高情商,积累词汇量,等等。

了解了这些我们才会知道亲子阅读到底是什么,它到底有多重要！

我们都知道亲子阅读是阅读习惯培养中非常重要的一环，如果爸爸妈妈操作得好，就等于在孩子上幼儿园的时候给孩子的阅读习惯打了一个很好的底子。我之前看到过的很多阅读能力很强的孩子，都是在幼儿阶段就有非常好的亲子阅读基础。

在做亲子阅读的时候，家长们会提出很多问题，比如，亲子阅读该如何开始？亲子阅读的过程中该如何吸引孩子的注意力？书籍该如何选择？如果家长时间紧张，无法每天进行该怎么办？关于"亲子阅读该如何开始"和"亲子阅读过程中该如何吸引孩子的注意力"这两个问题，在后面的文章中我会详细地为大家进行解读，关于"书籍该如何选择"的问题，在前面的章节里，我为大家进行过详细的分析，同时也推荐了一些好的绘本故事，家长朋友们都可以进行参考。这里，针对"如果家长时间紧张，无法每天进行怎么办"这一问题进行一下解答。

在理想情况下，我们自然是希望家长每天都有时间和孩子进行亲子阅读的，但是无奈每个家庭多多少少都会有一些烦琐的事务，肯定是没办法天天进行亲子阅读的。这个时候，我们就可以给孩子播放儿童电台的节目让他们来收听，也可以鼓励孩子对以前做过亲子阅读的绘本进行重复翻阅。当然，为了引起孩子们的兴趣，家长们可以帮助孩子设置一些有趣的问题让他们来回答，然后再适当给一些奖励就可以了。怎么样，大家学会了吗？

知识点

我们进入了第二个模块"你也能成为故事大王"的学习。我们知道了亲子阅读就是家长和孩子共读阅读的方式，这种方式非常重要，除了能够培养孩子爱上阅读外，还可以间接培养孩子的口语表达能力，为孩子积累词汇量。

2

亲子阅读可以为孩子的"安全感"充电

前面的文章我向大家介绍了什么是亲子阅读，我们也知道了亲子阅读有很多的好处，比如增进亲子感情、增强孩子的口语表达能力、促进孩子的情商发展等等，但是你知道吗，亲子阅读还能为孩子的"安全感"充电！

关于这一点，可能很多家长会有一点不理解，亲子阅读和"安全感"有什么联系呢？咱们别急着探求它们之间的联系，我卖个关子，咱们先来说说"安全感"的重要性。

所谓"安全感"就是渴望稳定、安全的心理需求，属于个人内在精神需求。无论成人还是孩子都需要有充足的"安全感"才行，而这份"安全感"的形成并不是在成人以后，而是在我们往往都会忽略的幼儿阶段，并且"安全感"会进入我们的"潜意识"，伴随一生。在我们不知情的状态下左右我们的决策，影响我们的一生！而家长们都希望孩子们拥有的"自信""勇敢"等品格，

其根源都先要有充足的"安全感"做保障才行。就好比我们建大楼，地基一定要坚固，楼才不会倒塌，这"安全感"就是地基，"自信"和"勇敢"等等，都是由"安全感"衍生出来的。

如果大家不理解为什么"安全感"会衍生出"自信"和"勇敢"，咱们就简单来剖析一个例子，比如，有一部热播的电视剧叫《人民的名义》，在这部电视剧里面有一个情节，公安厅厅长亲自抬着"靠山石"给高育良书记送去，放在了办公桌的后面。我们知道虽然这是电视剧的情节，但是这种"靠山石"心理在我们的生活中也是比比皆是。难道说摆上那块"靠山石"真的就有"靠山"了吗？当然，我们今天不讲迷信，不讲风水，我们仅仅从人的心理的角度去分析，其实摆上一块"靠山石"，它主要是满足了人们的心理需求，让自己觉得我的"安全感"有地方寄托了，让心理得到满足而已。心理上有了这块"靠山石"，马上有了底气，做事就会不畏首畏尾，大胆往前冲。这样看来，找到心理上的"靠山石"就是在寻求"安全感"，而因此带来的"做事有底气""大胆往前冲"不就是我们常说的"自信"和"勇敢"吗？所以说要先有"安全感"才会自然地衍生出"自信"和"勇敢"来。

相反，如果没有"安全感"，很多时候就会直接导致做事没有自信和勇气，遇到事情自然会畏首畏尾，选择保守状态，选择停滞不前，甚至为了保证心理上的安全选择后退进行自保。我们常常会见到一些成人出现这样的情况：面对不好的婚姻、事业或朋友，明明知道不好也不敢放开，原因是他们心里存在潜在的不安全感，怕放开了就再也没有了；又或者"控制欲"非常强，要把所有东西都抓在手里，这样才会觉得得到了心理上的满足；还有就是非常明显地不敢接受任何挑战，错过非常多的好机会！所以，这个"安全感"对一个人来说真的非常重要，身为家长，要尽可能地在孩子的幼儿阶段将孩子的"安全感"补足，避免孩子在未来成人以后受到各种"不安全感"带来的不良影响。

解释了这么多关于"安全感"的论断，我们要怎么在亲子阅读的时候一举两得地顺便为"安全感"充电呢？做法非常简单，大家只要记住一个原则：安全感的基本来源是"爱"。我们在做亲子阅读的时候，要时刻让孩子体会到爸爸妈妈对他的关爱，然后再通过正确的语言、肢体动作和眼神传递对孩子的爱。这样，在一次次的亲子阅读过程中就会慢慢地把"安全感"补足。具体的做法我会在下一篇详细地教给大家！

当然，在补足"安全感"这件事上，作为父母，要注意几个地方：第一是一定要想方设法地给孩子营造一种"永远做你靠山"的感觉，特别是家中有女儿的父母，一个女孩子的"安全感"除了妈妈的呵护外，还要有爸爸给予的无条件的"靠山"和"爱"，这样，女孩子在长大以后才会自信满满。第二是如果条件能够允许，尽量不要让孩子在 0~3 岁期间与父母分开居住和教养，这一点非常重要。从某个角度来说，幼年期与父母的分离是"安全感"

缺失的罪魁祸首,因为每个孩子在出生后都会对悉心照顾他的人产生深深的依赖,这个人会变成孩子心中"重要的人"。孩子出生后,对他来讲,重要的人自然是妈妈,如果突然与妈妈的关系发生了改变,就会使孩子内心中产生一种"被抛弃感",让他觉得"他最信任的人离他而去再也不回来",这种伤害是非常致命的;然后等到孩子开始上学的时候,又会重新被接回到父母身边居住,他好不容易依赖的第二个"重要的人",通常是爷爷或奶奶,再一次地离他远去,孩子则会再次感受被抛弃的感觉。如果这种情况在孩子幼年时期发生的次数多了,他自然就会常常生活在恐惧、焦虑、不安全和没有归属感的世界中,一颗心无法安定下来,那么在这种情况下,自信和勇敢就很难被塑造出来了,就算有,也是不堪一击的,很容易变成"玻璃心",一碰就碎。

知 识 点

在这篇文章中,我们一起分析了一下安全感对孩子的重要影响,也说明了一些在补足安全感方面家长需要注意的问题。希望智慧的家长们能灵活运用,及早地将孩子的安全感补足,夯实宝贝们未来人生路的心理基础!

3

亲子阅读的正确"打开方式"

上一篇我向大家介绍了"安全感"的重要性和一些为孩子补足"安全感"的做法,也阐明了亲子阅读能为"安全感"进行充电,现在咱们接着说亲子阅读到底是如何具体操作的,它的正确"打开方式"是什么,它又是通过什么样的方法来给"安全感"充电的。

首先,把能量开关调整到"正能量"上来。这是什么意思呢?我们每个人只要生活在尘世中,都难免会有各种情绪,也会受到周围环境的影响,比如工作中有不顺利时就会焦虑、会有压力,如果被领导批评了或者和同事有不同意见了,还会产生愤怒和抱怨;而在生活中有各种烦琐小事:邻里相处、亲属相处、爱人相处、朋友相处或者是陌生人之间的相处,都会有各种各样的问题出现,这么多纷纷扰扰都会干扰到我们的情绪。这些情绪状态,有的是积极向上的正能量,有的是消极低落的负能量,我们带着什么样的能量,与人相处时就会传递给对方什么样的

能量，从而影响周围人。我们常常看到很多文章说，远离有负能量的朋友，因为那些朋友会把我们影响得也很消极，就是这个意思。因为能量是可以互相传递的，而传递的过程就是在人与人的接触中，通过语言、肢体动作、眼神、态度来实现。明白了这个道理后，就能理解为什么在进行亲子阅读前，一定要把能量开关调整到"正能量"上来了。假如你的能量状态刚好是"负能量"的状态，那么很自然地就会传递给孩子，在上一篇中说过，要通过"亲子阅读"给孩子的"安全感"充电，那么这个过程中最重要的就是要给孩子以正能量和浓浓的爱，怎么能让负能量破坏了氛围呢？所以，为了把亲子阅读做好，第一步，就是先把能量开关调整到"正能量"上来。怎么做呢？很简单，假如身为家长的你今天过得很开心，受到了表扬，收到了礼物，或者是有其他开心的事情，那么就请你继续保持这种好状态；但是假如你今天和别人吵架了，或者发生了不开心的事情，就请你在开始亲子阅读前先把眼睛闭上，让自己安静下来，深呼吸，想象自己在一望无垠的大海边散步，再想想那些曾经让你开心快乐的事情和瞬间，当你已经进入这种开心、豁达、包容的状态后，再睁开眼睛去和孩子一起进行亲子阅读，相信我，只有在这样的正能量的状态下，你才能陪伴孩子把亲子阅读做好！

第二步，当我们把"正能量"找回来以后，接下来就挑选一本孩子喜欢的绘本，用温柔的目光、柔和的语言和温暖的怀抱开始亲子阅读。在这里我一定要强调的是,"温柔的目光、柔和的语言和温暖的怀抱",这三个基本要素一个都不能少,因为我们的小宝贝在幼儿阶段还不能够通过文字去理解到底什么是"爱",只有通过这三个基本要素才能让宝贝们体会到什么是爱。宝贝可以通过你注视着他时温柔的目光,与他说话时柔和、关切、没有批评和攻击性的语言,以及你温暖的怀抱来体会到你很爱他,通过这些直接的动作和神情来给孩子传递"爱",补足"安全感"。这期间,一定不要吝啬爸爸妈妈的拥抱和亲吻,这都是非常直接地让孩子获得"爱"的最好方式!还记得那句歌词吗?"爱我你就亲亲我,爱我你就抱抱我!"就是这样的!

第三步,就是当正能量和基本的要素都具备了之后,就让这种状态伴随整个亲子阅读的过程,然后再努力把故事讲述得更生动、更好听,从而吸引孩子喜欢听故事,为爱上阅读打好基础。当然了,如何把故事讲好可是一门非常重要的学问,无法用一两句话就说清楚,关于这个主题我会在后面的章节中用16个妙招让你成功变身"故事妈妈"和"故事爸爸"。在这里,我只强调一点,除了讲故事必备的技巧外,一定不要忘记在亲子阅读中和孩子进行有效的互动。比如:在故事中,如果碰到了一些小动物的拟声词,像是"喵喵""汪汪""嘎嘎"等等,我们可以鼓励他们自己说出来,这样做不但可以让孩子的注意力更为集中,还可以增强孩子在亲子阅读中的参与感,同时也可以促进语言能力

的提升。等到宝贝们从这种互动中找到了乐趣，就可以引导宝贝们说更多的关于绘本故事的内容，甚至是我前面文章中所讲的对故事进行"续写"。

知 识 点

我们一起分析了亲子阅读的正确"打开方式"，从"正能量"的情绪树立到有"爱"的肢体、语言、目光的表达，再到与孩子在绘本故事中多多互动，全是让你成为亲子阅读高手的"干货"哦！

4

变身为"故事大王"的秘籍

在前面的内容中,我向大家介绍了亲子阅读的正确"打开方式",接下来,我将系统地告诉爸爸妈妈们要学习和掌握哪些技巧才会迅速变身"故事大王",成功吸引宝贝认真地听绘本故事,引导宝贝们爱上阅读。在"变身为'故事大王'"这个板块中,一共有16个小秘籍,我会分成四个小单元来传授给大家,分别是"变身'大宝贝'""波浪形的语音""饱含情绪的语音"和"角色分分清"。通过这四个单元的学习,相信大家就能很快变身为宝贝心目中的"故事大王"了。

◆ 变身"大宝贝"(1)

先来说说为什么用了"变身'大宝贝'"这个名字呢?我在给儿童节目主播或者幼儿园老师做培训的时候,都会告诉他们,首先一定要了解"客户"。如果我们把孩子们当作我们的"客户",

那么他们喜爱什么样的状态,我们就要表现出什么样的状态,这样才能引起他们的注意和喜欢。我们先来剖析一下,孩子们都喜爱什么样的状态呢?答案是:和他们自己"很像的状态"。这一点其实在成人身上也适用,我们都喜欢和自己状态很相似的人。那么,如果想要让孩子喜欢我们的语言状态,就要找出宝贝的语言状态,然后融入我们的语言体系中,这样,讲出来的故事就会有变化。我提炼出儿童的几个语言特点:可爱、活泼、夸张、语调高。如果想要讲出一个动听的儿童故事,就要在这几个特点上下功夫,把自己先变成一个"大宝贝",这样的语言才会受到孩子们的青睐!接下来我就带着大家一起找一找"大宝贝"的感觉。我们先着重说一下"可爱"这个特点,如果爸爸妈妈想要变得可爱,就要先把"生硬"的语言变得"柔软"一些。这一点,哪怕是很多专业的播音员也很难做到,更不用说是没有经过训练的父母了。

下面来尝试一下说出这句话:

"我是一只小白兔,我今天呀,要去看望我的奶奶。"

请家长朋友们在说这句话的时候一定要注意:要尽量用你们的语音说出小白兔"萌萌哒"的感觉,反复练习。

语音状态对比

家长常态

语音硬邦邦的，说出来根本不像"小白兔"，而像"大灰狼"一样，一点都不可爱。

变身大宝贝（1）：
家长常态

语音状态对比

儿童主播

语音"柔软"，听起来像柔软的海绵一样有弹性、有弧度！真的像一只可爱的小白兔在说话。

变身大宝贝（1）：
儿童主播

◆ 变身"大宝贝"（2）

前面介绍了"变身'大宝贝'"的第一点：找到"可爱"的感觉。接下来讲"变身'大宝贝'"的第二点：找到"活泼"的感觉。

说到孩子身上的"活泼"，大人很少还能继续保留这一特点了。其实我们小的时候也都有"活泼"的特性，可是随着年龄的增加，阅历的丰富，人生的磨砺，大人们渐渐把"活泼"给收起来了，变得越来越"沉稳"，说起话来"有模有样""规规矩矩"，再也不会有多样的变化了。

下面来尝试一下说出这句话：

"小鹿蹦蹦跳跳地从远处跑来。"

请家长朋友在说这句话的时候一定要注意：要尽量用你们的语音说出小鹿真的"蹦蹦跳跳"的感觉，反复练习。

语音状态对比

家长常态

语气"沉稳"，说话的速度都是比较慢或者适中的，话语中"阳光"的感觉非常少。

变身大宝贝（2）：
家长常态

语音状态对比

儿童主播

语句里面自带"阳光",语速相对较快,能通过一句话让听故事的人感受到这只小鹿是"蹦蹦跳跳"地跑来的,而不是懒懒散散、慢慢悠悠地踱过来的。

变身大宝贝(2):
儿童主播

◆ 变身"大宝贝"（3）

接着来一起学习一下"变身'大宝贝'"的第三点：找到"夸张"的感觉。

说到孩子身上的"夸张"，映射到大人身上就都变成了"内敛"了。什么说话"面不改色"啊，什么行动"有条不紊"啊，说起话来都是尽可能地让语言变得"不夸张"。那么，现在家长又该怎样找到这个"夸张"的感觉呢？首先，一定要先学会把嘴巴张大，因为很多"夸张"的状态和语言，都必须先要有个"张大的嘴巴"。家长们可以张大嘴巴，先在没人的房间里喊"啊"的不同声调，要尽可能地夸张哦！在这个基础上，再来通过练习找到夸张的感觉！

我们来尝试一下说出这句话：

> "小猪的面前有好大一个蛋糕啊！"

请家长朋友在说这句话的时候一定要注意：要尽量用语音体现出蛋糕真的"很大"的感觉，反复练习。

语音状态对比

家长常态

"内敛"的语气，一般说话的语调和尾音都是比较低和短的，不会高音和拉长音，所以"夸张"的感觉就出不来。

变身大宝贝(3)：
家长常态

语音状态对比

儿童主播

会用高一些的声调和延长一些的尾音来体现出夸张。

变身大宝贝（3）：
儿童主播

◆ 变身"大宝贝"（4）

当我们找到了讲故事要"可爱""活泼""夸张"的感觉以后，接着来说一下"变身'大宝贝'"的第四点：找到"语调高"的状态。

成年人说话因为比较"沉稳"，所以表现出来的语言状态就自然而然地变成了语调很低或者不高，但是大家有没有发现，孩子们在说话的时候不是这样的，因为他们活泼、开朗、不刻板，很多时候都是高声地大喊，或者夸张地说话。所以这音调自然就是"高"的了。大家还记得上一节文章中，我让家长们要"张大的嘴巴"，在没人的房间里喊"啊"的不同声调，要尽可能的夸张吧？这个方法也可以用来练习故事中的"高声调"。可能大家会有疑问，为啥一定要"高声调"呢？其实，这个"高声调"除了是宝贝们说话的特点外，最重要的是它是使大家的语言有"感染力"的基础。大部分故事语言再生动，如果没有"高声调"做基础的话，效果都是打折扣的。

下面来尝试一下说出这句话：

"小朋友们好，接下来我要给大家讲一个好听的儿童故事，名字叫作《磨杵成针》。"

请家长朋友在说这句话的时候一定要注意：因为我们不是真的要在大众面前给孩子们讲故事，所以"音量"上可以不用太大，但是"音调"一定要高，请反复练习。

语音状态对比

家长常态

没有"活力",说出来的语言语调平淡,感染力不强,整体状态也是"朝下"的。

变身大宝贝(4):
家长常态

儿童主播

有"活力",状态"朝上",一开口就能带动孩子一起融入故事。

变身大宝贝(4):
儿童主播

◆ 波浪形的语音（1）

在前面的第一单元"变身'大宝贝'"中，我讲授了四个小"秘籍"，即讲故事要找到"可爱""活泼""夸张""高音调"的感觉。接下来，我们进入第二个单元——"波浪形的语音"。

我在做儿童节目主播的过程中，一直在思考怎样才能快速让家长掌握讲儿童故事的要义，后来我总结提炼出了这个"波浪形的语音"的方法，通过这个方法，家长就可以快速领会其中的奥妙了。波浪形的语音在讲故事中起到的作用是非常重要的，因为这个"波浪形"主要体现的就是"生动"二字。当然，它不是"生动"的全部，"生动"是由很多因素共同组成的结果，但是这个"波浪形"绝对是关键性因素，所以家长们一定要认真地练习。

像"变身'大宝贝'"一样，"波浪形的语音"也分为四个小"秘籍"来掌握，分别是"注意振幅的大小""注意情感的应用""注意找到高低音的词语""注意语速的快慢"。

我们先来说第一个"秘籍"："注意振幅的大小"。这里的"振幅的大小"，大家可以形象地理解为 "大波浪"和"小波浪"。当你说话的语音是"大波浪"的时候，自然就是振幅很大；反之，"小波浪"则是振幅很小。那么，这个"大波浪"和"小波浪"有什么区别呢，又为什么一定要有"波浪"呢？

一个人说话、朗诵、表演等等，他们说出来的语音如果都是一个音调的，像是机器人一样，那一定很不好听。要想语音悦耳，一句话当中就要时而音调高，时而音调低，这样搭配起来才好听，而这就是"波浪形"。如果家长们在讲故事的时候，音调的高度非常高，就是大波浪；如果音调的高度不是很高，就是小波浪。它们之间的差别就是，大波浪的感染力比小波浪的感染力要强，对听故事的人来说，吸引力也会大很多。不过对于家长来说，能够领会到"波浪形"的存在就可以了，不必一味地追求大波浪的语音。

下面可以尝试一下说出这句话：

"在茂密的大森林里，住着一群可爱的小动物。"

请家长朋友在说这句话的时候一定要注意：要有意识地体会一下自己是否读出了"波浪形"，请反复练习。

语音状态对比

家长常态

语音几乎没有"波浪形"，所有的文字读出来的音调都是基本相同的，差异不大，听上去平淡乏味。

波浪形的语音（1）：
家长常态

儿童主播

有"波浪形"，一句话中词语的语调是变化的，听上去动听悦耳。

波浪形的语音（1）：
儿童主播

◆ 波浪形的语音（2）

在上一篇文章中，讲了"波浪形的语音"中的第一个"秘籍"："注意振幅的大小"。接下来讲第二个"秘籍"："注意情感的应用"。

家长在给孩子讲故事的时候，除了要"注意振幅的大小"外，也要注意同时加上"虚实结合的情感"，也就是我们通常说的读文章要有"感情"。假如我们在读儿童故事的时候只是使用了"大波浪"，但是没有把感情放进去，那还是不够"动人"的。就像唱歌，如果没有情感的投入，歌曲就失去了灵魂，嗓音再好、技巧再好也不能说明歌手唱得好。不过，关于情感的投入，还需要家长自己多去揣摩，可以尝试把对孩子的爱转移到儿童故事的阅读上来，就会增色不少。

我们可以再次用加了感情的语音重新读一下这句话：

"在茂密的大森林里，住着一群可爱的小动物。"

请家长朋友在说这句话的时候一定要注意不仅要读出"大波浪"，还要体现出这个场景的状态，或是"神秘的"，或是"阳光明媚的"，请反复练习。

语音状态对比

家长常态

语音几乎没有什么情感，表达得很直白，或者仅进行了轻度的感情投入。

儿童主播

在"大波浪"的基础上，可以用语音感情投入的方式进行至少两种场景状态的描绘。

波浪形的语音（2）：
家长常态

波浪形的语音（2）：
儿童主播

◆ 波浪形的语音（3）

接下来讲第二单元"波浪形的语音"中的第三个"秘籍"："注意找到高低音的词语"。

很多家长在给孩子讲故事的时候，之所以讲不出"大波浪"的语音，其中一个原因就是不知道哪里该音调高，哪里该音调低。我下面就着重讲讲这个问题。

如果家长想要快速地找准音调的高低，有两个方式：一个自然是最常用的"模仿"，可以听一下安娜妈咪的故事是怎么讲的，也可以在陪伴孩子看电视的时候，模仿一下儿童频道的主持人都是怎么讲话的，就会找到很多灵感。第二个方式是，在一句话中并不是所有的字都要高音调，可以选出一个或者两个典型性的词进行"高音调"的调整，也可以通过断句和"高音调"结合，表达出一句话的主要意思。这里强调一下，在找出需要挑高音调的词语的同时，也要注意语句的整体协调性，整体的语句要读得很流畅和动听，不能为了挑高音调而破坏了整体的语音美感。

下面可以尝试读一下这句话：

"这朵花可真香啊！"

请家长朋友在说这句话的时候一定要注意：可以把"真"字的音调挑高试试看，请反复练习。

语音状态对比

家长常态

经常找不到音调该挑高的词语，而造成整体的语句没有"波浪形"，或是挑高的词语数量过多，破坏了整体的语音美感。

波浪形的语音（3）：
家长常态

儿童主播

语句中的断句和要强调的词语把握得很准确，能做到讲故事的语音有高有低，节奏感强。

波浪形的语音（3）：
儿童主播

◆ 波浪形的语音（4）

接着讲第二单元"波浪形的语音"中的第四个"秘籍"："注意语速的快慢"。

我在给家长或者儿童节目主播上课的时候，经常会发现一个问题，读儿童故事，很多人的语速都比较快。关于这一点我要告诉家长朋友几个需要注意的问题：第一，在讲儿童故事的时候，如果语速过快，孩子会来不及反应故事的内容，从而降低孩子对故事的理解程度，同时也降低了孩子听故事的兴趣；第二，如果语速过快，"大波浪"和"有感情"就很难体现出来，因为会没有时间处理语句中的高低音和感情的融入。当然，如果语速过慢也是不行的，那就无法体现出"活泼"的状态了。所以作为家长，一定要语速适中，这样才能让孩子不仅有时间听得懂故事的内容，还能更好地把故事内容讲得更生动、更动听。

下面可以尝试读一下这句话：

"这时，风越来越大，小火苗也变得越来越大，不一会儿，整个森林都开始着起了大火。"

请家长朋友在说这句话的时候一定要注意：语速不要太快，但是还要体现出森林着火的状态，请反复练习。

语音状态对比

家长常态

经常用"语速快"来表达着急的样子,而且语速一快,就失去了"大波浪"的语音。

波浪形的语音(4):
家长常态

儿童主播

表达的时候,可以同时体现出"大波浪""有感情""语速适中"和"用语言的节奏表达着急的状态"。

波浪形的语音(4):
儿童主播

◆ 饱含情绪的语音（1）

关于这一单元，我要先提示家长朋友们，必须集中精神，重视一下。因为在讲过了"变身'大宝贝'"和"波浪形的语音"后，这一单元的内容，除了可以让家长继续增强讲故事的能力，更重要的是在我们培养孩子的情商过程中，也少不了这一单元学习和积累下的能力，要想孩子能很好地识别自己和别人的情绪，就先要从这些儿童故事中好好地进行体会，如果家长在讲故事的过程中无法正确地把情绪表现出来，孩子在接收的时候就比较困难了。

在这一单元我同样会分四个"秘籍"进行讲解，分别是"开心""难过""生气"和"疑问"。当然，人的情绪不可能只有这四种，在这里我只把平时比较常见的几种情绪讲解一下，方便家长记忆和学习。

首先，来说一下"开心"。在儿童故事中，情绪一般都是通过角色的台词表现出来的，表现角色开心的场景是很常见的。"开心"也会根据角色所在的场景不同而分为不同的层次，比如，面对一些平常的开心事，会用"微笑"来表达；而面对惊喜则是使用"大笑"来表达，在表达惊喜的时候，通常还会伴随一些口语化的"哇""啊"之类的语言，来显示夸张的惊喜程度。为了让家长能快速进入状态，建议在读这些文字的时候，先要思考和想象一下自己在"微笑"和"大笑"的状态下都是怎么表现的。

下面可以尝试用"微笑"和"大笑"的不同开心程度来读一下

这句话（人物是一个小朋友）：

"哈哈，今天妈妈带我去了动物园，我真高兴啊！"

请家长朋友在说这句话的时候一定要注意：自己先做一下"微笑"和"大笑"的表情，先做"微笑"，然后把情绪"放大"，配合"哇"这样的语气词，把"微笑"升级为"大笑"，请反复练习。

语音状态对比

家长常态

在读角色语言的时候，没有将笑容真正地挂在脸上，导致嘴上说了"笑"的台词，情绪上却没有"笑"。

饱含情绪的语音（1）：
家长常态

儿童主播

不管"微笑"还是"大笑"，在说台词的时候一直保持将笑容挂在脸上，且能够很好地进行"笑容"能量升级，把"微笑"和"大笑"区别开来。

饱含情绪的语音（1）：
儿童主播

◆ 饱含情绪的语音（2）

上一篇中，我们练习了"开心"，接下来我们练习一下"难过"。这里我要额外提醒一下家长朋友们，针对这些情绪的表达，大家平时一定要进行练习，因为要想在给孩子讲故事的时候表现得很好，形成"自动"式的输出，就一定要有大量的练习作为基础。

"难过"的情绪在儿童故事中也非常常见，比如小动物心爱的东西损坏了，比如主人公的愿望落空了，等等，都需要通过语音来表达"难过"的情绪，而且"难过"也同样可以分为两种程度：一个是"难受想哭"，另一个是"大哭"。这两者的情绪能量也是递进的。相比较"开心"而言，"难过"的能量属于负能量，那么我们在表达的时候就要找到这种"情绪低落"的状态，而随着情绪越来越低，就会带来"想哭"和"大哭"的表达。那么，在表达的时候，请家长要放下腼腆，大胆地进行尝试和练习，在练习中不断进步。

下面可以尝试用"想哭"和"大哭"两种不同难过的程度来读一下这句话（人物是一个小朋友）：

"今天我不小心撞到了桌子上，好疼啊！"

请家长朋友在说这句话的时候一定要注意：相比较"开心"而言，"难过"的情绪既然是朝下的，那么说话的声音状态也一定是朝下的，但是到了"大哭"的时候，情绪的表达又会爆发出来，请反复练习。

家长常态

在说角色的语言的时候,一般"想哭"的状态相对好表达,但是"大哭"的状态放不开,表现得不够真实。

饱含情绪的语音(2):
家长常态

儿童主播

能很好地放开自我,把"大哭"的样子模仿得很像,也能同时把"想哭"的难受的心理状态通过"声音比较低""说话比较慢""话音中有委屈"的状态表现出来。

饱含情绪的语音(2):
儿童主播

◆ 饱含情绪的语音（3）

我们接着讲这个单元的第三个"秘籍"："生气"。无论是在生活中还是在儿童故事里面，"生气"的情绪一直是非常常见的，而且在表达上，也比较容易掌握，只要联想一下平时看到的和自己感受到的"生气"的情绪就可以了。

在语言表达上，通常会使用"哼""不"这样的字来强化"生气"的情绪，如果是家长和孩子亲子阅读的时候，还可以加上"扭头""跺脚"等动作来表达"生气"的情绪。"生气"的表达，在层次上也分为两层：一层是"不高兴"，另一层是"愤怒"。两者依然是递进关系。

下面可以尝试用"不高兴"和"愤怒"这两种不同的生气程度来读一下这句话（人物是一个小朋友）：

"哼，你这么坏，我不和你玩了！"

请家长朋友在说这句话的时候一定要注意：相比较"难过"而言，"生气"的语音状态不是朝下的，它是正常表达或状态朝上，"生气"基本上都是因为外界的状态和自己设想的状态不一致而带来的"不悦"，请多次揣摩自己的情绪表达后，反复练习。

语音状态对比

家长常态

"不高兴"的状态一般都会表达得很到位,而表达"愤怒"情绪的时候,音量太小、语气太弱。

饱含情绪的语音(3):
家长常态

儿童主播

能很好地表达"不高兴"的"小情绪"和"愤怒"的"大情绪",让听众很清晰地识别出情绪的高低。

饱含情绪的语音(3):
儿童主播

◆ 饱含情绪的语音（4）

我们讲完了"开心""难过"和"生气"的情绪，接下来再来讲一下"疑问"。

也许很多家长朋友会说，"疑问"这个情绪要想用语音表达出来很简单啊，我们每天都在说疑问句。其实没有那么容易。记得我在上大学时，考入了广播站，练习播音的时候，这个疑问句的练习就用了非常长的时间，反反复复地读，反反复复地体会、改正，要让这个"疑问"说得自然、不刻板。但是你们如今要练习的这个"疑问"，重点就不再是自然和不刻板了，而是要"夸张"和"音调高"，这样才能很好地调动孩子的情绪，让他们走入故事当中。

我们可以尝试用"疑问"来读一下这句话（人物是一个小朋友）：

"果果，这是你的书包吗？"

请家长朋友们在说这句话的时候一定要注意：找到问句中要问的主要内容来加以强调，然后可以尝试把要强调的词的音调加高，体现出"夸张"的感觉，来加强"疑问"的效果，请反复练习。

语音状态对比

家长常态

"疑问"的强度弱，很多家长都会习惯性地用成人的疑问语态去表达出来，而不会使用孩子的语态。

饱含情绪的语音（4）：
家长常态

儿童主播

能很好地用孩子的语态去体现"夸张"的、"高音调"的疑问。

饱含情绪的语音（4）：
儿童主播

◆ 角色分分清（1）

我们接下来进入成为"故事大王"的最后一个单元的学习："角色分分清"。要想儿童故事讲得生动，角色一定要模仿得很像，这样才能吸引孩子们的注意力，让孩子身临其境地感受整个故事。

"角色分分清"这个单元我也分为四个"秘籍"来讲解，分别是："男女区别""老幼区别""小动物区别"和"不同性格区别"。

先来说说"男女区别"。我们在讲故事的时候，经常会看到有角色性别上的差别，有的是小女孩，有的是小男孩，我们儿童节目主播在讲故事的时候也要一个人配出很多角色的声音。那么，问题来了，在碰到故事中有男孩和女孩同时存在的情况下，要怎么用声音来区分呢？

首先要找出男孩和女孩的区别，男孩一般都是比较"阳光潇洒"的，声音也就"干净利落"；而女孩一般都是"可爱甜美"的，所以声音就是"细软温暖"。当然从声音的"粗"和"细"上也是有区别的，女孩声音更"细"，男孩声音更"粗"，按照这些特点我们就可以进行模仿练习了。

下面可以尝试分别用"男孩"和"女孩"的声音来读一下这句话（人物是一个小朋友）：

"这朵花可真香啊！"

请家长朋友在说这句话的时候一定要注意：要找到男孩和女

孩的特点进行模仿,通过语速、力度、音量等要素进行区分,请反复练习。

家长常态

很难找出男孩和女孩说话的特点,除了声音的粗细程度不同,其他方面都是一样的。

儿童主播

不仅可以在声音的粗细上进行区分,还能在语态、语速等方面表现出很大差别。

角色分分清(1):
家长常态

角色分分清(1):
儿童主播

◆ 角色分分清（2）

现在我们来说"角色分分清"的第二个"秘籍"："老幼区分"。

我们在讲儿童故事的时候，很多时候会存在"老人角色"和"小朋友角色"，比如故事《磨杵成针》就是这样。幼年时候的李白和老婆婆同时出现在故事当中，而且也都有人物台词，这个时候我们该怎么办呢？我们还是要进行模仿。针对老人的语音表达，要展现"苍老"的感觉，声音的音量也不宜过大，同时要有"沙哑"的音色，这样就能比较真切地表现出老人的感觉了；而相反的，小朋友的语音状态则是"活泼的""率真的""可爱的"，不但音调高，语速也相对较快，这样，两个角色的语音就可以成功地区分开了。

下面可以尝试分别用"老人"和"小朋友"的声音来读一下这句话：

"来，吃个苹果吧！"

请家长朋友在说这句话的时候一定要注意：要找到老人和小朋友的特点进行模仿，通过语速、力度、音量等要素进行区分，请反复练习。

语音状态对比

家长常态

成人想要模仿老人说话是相对比较容易的，但是模仿小朋友说话的时候，通常会少了一份"可爱"和"率真"。

角色分分清（2）：
家长常态

语音状态对比

儿童主播

可以很好地区分老人和小朋友的声音：小朋友"活泼可爱"，老人"慈祥温暖"。

角色分分清（2）：
儿童主播

◆ 角色分分清（3）

现在我们来说"角色分分清"的第三个"秘籍"："小动物区分"。

在儿童故事中，小动物的角色是最多的，比如小猴子啊、小兔子啊、小老鼠啊，有各种各样的动物。家长们读到这样的动物故事时，该怎么把一个故事里面的好几个动物角色都淋漓尽致地展现出来呢？答案就是：找出动物特点进行模仿。比如我们读到小白兔的台词，就要把台词语音变得像是真的小白兔在说话一样，表现得"可爱乖巧"；如果是小猴子说话，就要体现出小猴子的"动作快"和"高声调"；若是换成了小猪，就是要体现出小猪"懒懒的"和"胖胖的"状态，可以把语速放慢一点，说话时嘴巴圆一点、鼓一点。总之就是先分析小动物的角色特点，再来进行声音模仿，用声音来体现出这个小动物的特点。

下面可以尝试分别用"小白兔"和"小猴子"的声音来读一下这句话：

"我喜欢蓝色，你呢？"

请家长朋友在说这句话的时候一定要注意：要找到小猴子"说话快"和小白兔"可爱"的特点进行模仿，通过语速、力度、音量等要素进行区分，请反复练习。

语音状态对比

家长常态

因为很多家长已经不习惯观察小动物了，也少了很多童心，所以在动物模仿上有些找不准小动物的定位，抓不住小动物的特点。

角色分分清（3）：
家长常态

儿童主播

不仅可以通过语音表现出是哪种小动物，甚至可以让听故事的人通过声音感受到小动物的胖瘦。

角色分分清（3）：
儿童主播

◆ 角色分分清（4）

现在我来说说"角色分分清"的最后一个"秘籍"："性格区分"。

细心的家长会在儿童故事里面发现有这样的场景，几个角色的性格是完全不同的，有的开朗，有的文静，有的脾气好，有的急性子，比如《喜羊羊与灰太狼》这部动画片中的角色就是各不相同，各具特色的。如果让家长们用一个人的声音为这么多性格不同的角色配音，要怎么办呢？因为家长们想要做到像专业配音演员一样的水平是比较难的，我们只给大家讲解容易理解的部分。我们来练习区分一下"文静"和"开朗"的两种性格特点。

要想用声音体现出"文静"的状态，一定要在保证是"小朋友的音色"的同时，音调平稳或者音调低一点，语速要慢一点；相反的，表现"开朗"的状态则是音调高的、语速要快一些，音量也要大一些。

下面可以尝试分别用"文静"和"开朗"的声音来读一下这句话：

"我们一起去游乐园吧！"

请家长朋友在说这句话的时候一定要注意：要找到文静小朋友"内敛"和开朗小朋友"活泼"的特点进行模仿，通过语速、力度、音量等要素进行区分,请反复练习。

语音状态对比

家长常态

　　无法通过语音、语速等表现出"文静"和"开朗"的区别,表现出来的状态都差不多。

角色分分清(4):
家长常态

儿童主播

　　能够把文静小朋友的"内敛"和开朗小朋友的"活泼"都表现出来,并且在音量上有很大的差别。

角色分分清(4):
儿童主播

3 自信心对阅读的影响

自信心能影响孩子的阅读水平

前面的章节中我向大家介绍了让爸爸妈妈成为"故事大王"的方法，家长只有把自己变成讲故事的高手，才能更好地吸引孩子爱听故事，并且，也只有自己会讲故事，才能给孩子的语言发展做出良好的示范和引导。其实我教给大家的一切，都是希望家长们能掌握更好的方法帮孩子们夯实他们人生的基础。只有基础打好了，精彩的未来才有可能实现。那么在和大家分享过如何让孩子爱上阅读和如何让家长成为故事大王之后，我们还要给孩子打下一个特别重要的基础，那就是——自信。所以接下来，我会教给家长们如何帮助孩子树立自信。家长们一定要相信："阅读力"和"自信"是成就精彩人生的"基础中的基础"。

可能有的家长朋友会奇怪，我们不是在讨论"阅读"吗，为什么会讲到"自信"上来？其实我这里所讲的"自信"，不仅仅是因为前面所说的，自信是孩子人生道路上"基础中的基础"，更重要

的是，自信几乎影响着我们人生中的方方面面，所以自然也会影响孩子们"阅读能力"的提升和发展。我们为了让孩子们的"阅读能力"得到最大限度的提升，就不得不考虑到培养"自信"的问题，所以，我专门安排了这一章来讲解孩子"自信心的树立"的问题。

我们先来说一说为什么"自信心能影响孩子的阅读水平"。首先，我们一起来看一看孩子们在阅读过程中遇到的一些问题。

场景1：一位妈妈正在给6岁的孩子做亲子阅读，他们读到了小猫"喵喵叫"的部分，妈妈让宝贝来代替小猫说出"喵喵"的叫声。这个时候，如果是一个有自信的孩子，就会很大声也很放松地说出："喵喵！"甚至他会把小猫其他的台词也一起说出来；而如果是没有自信的孩子呢，也许就只能声音很小地说一句"喵"，就没有下文了。这样的情况出现的次数多了，对孩子语言能力的发展就会有很大影响。自信的孩子通过亲子阅读会让语言能力快速地得到提升，而没有自信的孩子相比就少了很多成长的机会，提升速度会很慢。

场景2：一个小学二年级的孩子正在阅读一本新书，他发现这本书的开头还是很有意思的，但是读着读着发现，有很多不认识的字需要他看拼音或者查字典，这，很显然给他的阅读带来了阻碍，造成了他的不顺畅。这个时候，如果是一个自信的孩子，他就会进入"不怕困难"的状态，他会坚信这本书是很值得阅读下去的，进而克服目前所遇到的不顺畅的困难，一边认字一边继续看。最后，他既读完了书，也顺便多认识了很多字；可是假如是一个不自信的孩子，他面对这种不顺畅第一反应就是："要不换一本吧。"虽然书的内容是有趣的，可是他无法坚定自己的信心，鼓励自己克服困难去读完，他会产生"放弃"的想法。可想而知，这就等于放弃了一次很好的学习和成长的机会，次数多了，还会养成遇到困难就退缩的思维习惯，对人生的负面影响就是巨大的！

场景3：一个四年级的学生在学习一篇古文，因为没有经历过古文中的场景，自然学习起来会有一些困难。这个时候，一个有自信的孩子会用积极的态度去面对，他会想是不是有什么方法可以帮助自己去理解，于是可能会想到去问问爸爸妈妈，或者去网络上找一找关于这篇古文的视频和其他资料帮助自己理解等等；但是假如是一个不自信、遇到困难就放弃的孩子，就只会想着怎么应付老师背诵下来就行了，不会多一点额外的探索，甚至背诵的时候都是带着非常负面的情绪完成的。其实，孩子们学习知识，就是在这种点点滴滴的过程中积累的，时间久了就会形成一种固定的习惯或者思维方式，就难以改变了！

看完三个场景下的阅读情况，我们会发现，当孩子们开始阅读的时候，我们可以用"兴趣"来激发孩子爱上阅读，但是任何

事物,只要越深入探究,就越有可能遇到些许的困难,而突破困难的过程就是进步的过程。在阅读这个领域,只有孩子是充满自信的,才能在深入的阅读中不断地突破自我,克服困难,收获更丰硕的阅读果实!

知识点

要想孩子人生的基础打得牢,就要培养孩子们的"阅读力"和"自信心",而且"阅读力"和"自信心"之间,本身也是相互影响的。只有更有自信的孩子,才会获得更丰硕的阅读果实!

2

有自信的孩子与没有自信的孩子

前面我讲述了自信心和阅读力之间的重要联系，接下来我要着重剖析一下有自信的孩子和没有自信的孩子到底有什么区别。

在我们的生活中，如果不是特意观察，也许大家看不出有自信的孩子和没有自信的孩子在外在上有什么巨大的差别。通常我们看到一个孩子外在的表现后，更多的是评价这个孩子是聪明的还是不聪明的，性格是开朗的还是文静的，又或者是贪玩的还是爱学习的，对再大一点的孩子，我们的评价就是学习成绩好的还是不好的。大部分家长都仅仅停留在观察孩子的外在表现上，不太会考虑孩子的内在状态或是大脑的运行状态是不是会受到自信的影响。

其实我们都知道，大部分人的智力水平都是在同一水平线上，所以在"智商"上，孩子之间的差别是不大的，那么造成孩子之间的差别的东西是什么呢？其实就是外在的环境塑造和内在的处世认知，而"内在的处世认知"里面，有一个非常重要的因素，就是"自

信"。在其他因素基本相同的情况下,"自信"会一直驱动我们在各种岔路口做出选择,从而一步一步促使我们走向我们理想中样子。

这么讲,家长们可能会觉得很抽象,不理解为什么有没有自信会对孩子的人生有那么大的影响,那我们就来做一个假设,看看事情是不是这样发生的。

首先我们来观察一下有自信的孩子和没有自信的孩子的基本状态,然后再进行情景带入。有自信的孩子通常都拥有积极的心态,面对困难时的第一反应是相信自己,并找方法解决;而没有自信的孩子心态通常都是消极的,面对困难的第一反应是退缩和逃避。接下来,我们看下面的例子:

有两个正在上幼儿园的孩子,他们都在玩乐高,在刚刚拿到图纸和一堆零件的时候,自信度不同的孩子就会有不同的表现。自信度很高的孩子会非常开心,因为又有好玩的挑战了,即便是从来没有拼搭过的模型,也没有想过做不好。他不会浪费时间,而是迅速集中注意力开始研究图纸,进行零件分类,遇到困难的时候,他想到的是:"我该怎么解决呢?实在想不出来可以去请爸爸帮忙。"在这种积极的状态下,他的乐高拼搭就会很快速,过程也是很愉悦的,并且通过他的"资源整合",即有了爸爸的指点和帮助,会让他的技能得到进一步提升,不仅做成了模型,能力还得到了提高!这就是自信度高的孩子的状态和结果。相反，一个自信度不高或者自信度很差的孩子会是什么结果呢？首先他们看到这些复杂的图纸和零件的时候，第一反应通常不是开心，而是强烈的"压力感"，他们的做法也不是"马上行动"，而是谨慎地观察一会儿，同时还会进行复杂的心理斗争。他们可能会想："哇，这个看起来好难啊！我以前从来都没有拼搭过这个模型，我能做好吗？万一做不好，爸爸妈妈会不会说我笨呢？以前我做不好的时候就被别人嘲笑过……"在这样的心理斗争下，孩子的行动就很迟缓，同时也表现得犹豫不决。如果自信度不是太差的话，孩子还有可能会选择"试试看"，但是操作时可能会决心不足，他在拼搭的过程中一旦遇到困难，就会想要退缩，或者为自己寻找理由说"这个太难了"，直接结束游戏。如果是自信度非常差的孩子，估计连开始都不愿意开始，因为他心里想的就是"我根本就不能完成"，所以选择直接拒绝！

大家看到了吗，仅仅是生活中的非常常见的一个小场景，自信度不同的孩子得到的结果是根本不一样的。可能大家会说，没关系，反正这只是在玩嘛，不影响大局。但是我想和大家分享的是，其实不然，孩子的自信度会直接影响他们形成一种惯性的思维方式，而最可怕的就是，这种思维方式会不自觉地左右孩子们面对所有事情时的认知和态度，这种影响甚至会延续到孩子长大后的

学习和工作中。比如，同样是做数学题，有自信的孩子会积极主动找方法，大脑也会因此集中注意力高速运转，把题目迅速解答出来；而没有自信的孩子则是先浪费时间在"排斥"和"犹豫"上，再慢吞吞地进行解答，当遇到困难时又会退缩再度浪费时间。在这种状态下，大脑也自然不会集中注意力高速运转了，所以解题的速度自然是慢的。长此以往，孩子们的学习成绩自然就拉开了！那如果是在工作上呢？这个更好解释了，一个有自信的人自然是勇于面对挑战的，从来都不会放过任何一个成长的机会，同时也因为自己的这种自信，还会变得很有魅力，能吸引很多人的青睐。相反，一个做事总是推三阻四、退缩逃避的人，不仅抓不住机会，也不会得到更多人的喜欢和帮助。而孩子们的人生就是这样一点一点地被改变了！

知 识 点

自信是一样很神奇的东西，它不仅仅影响阅读能力，还影响着孩子未来的生活和学习。我们要培养他们做一个有自信的孩子，让他们的人生不错过更多美好！

3

看生活中的"黑历史"是如何毁掉孩子的自信的

前面我讲述了自信和阅读能力提升之间的重要联系，也分析了自信的孩子和不自信的孩子的人生是孑然不同的，所以，接下来我们就要深入去研究一下，自信是怎么失去的，又是怎么塑造的。

其实从家长的角度来说，本质上都希望自己的孩子天生就拥有自信，没有任何家长希望孩子从小胆小懦弱。但问题是，虽然家长并不希望这样，可是却有意无意间，一步一步地做着导致孩子不自信的事情，然后逐渐将孩子推向不自信的深渊。其实这不全是家长的错，只是身为家长，平时没有发现这些弊端的存在，所以也就没有得到足够的重视。假如我们发现并知道了，避免这些错误做法的发生，也就会更好地避免孩子"不自信"的产生。所以我们要做的第一步，是从生活中避免出现让孩子失去自信的做法开始。我会用三篇文章的篇幅来给大家剖析生活中，常常被我们忽略的那些让孩子失去自信的"黑历史"。

◆ 家长不自信

黑历史1：家里有不自信的家长。

我们都知道孩子们的本能之一就是模仿，甚至说不光是孩子，就连已经形成自己生活习惯和思维习惯的成人，也会不自觉地被身边人影响，我们常常把这个叫作"近朱者赤"，所以我们一直都在强调"家长是孩子的第一任老师"，原因就在这里。因为孩子就是通过模仿来学习，他们身边可以被模仿的人，最直接的、时间最长的当然就是家长，如果在孩子的身边"安放"一个很优秀的人作为他们学习和模仿的对象，那么孩子将很自然地模仿他，就很可能也变得优秀；如果在孩子身边"安放"一个很差劲的学习和模仿对象，那么孩子也可能会全部都照搬到自己身上。

关于这个问题，在我自己身上就发生过典型的例子。

有一次，我儿子去参加学校的主持人比赛，他稍微练习了一下，很轻松地就通过了。他的朋友就说："一定是你妈妈教了你很多，你才会这么顺利通过的。"我儿子说："没有啊，我妈妈基本不教我。"其实，他说的完全是事实。因为平时很忙，我的确没有特别地去教我儿子要怎么做，但是很神奇的是，他全都会。于是，我也在想这到底是为什么。后来渐渐想通，其实原因就在于，虽然我没有怎么教过他，但是我录音的时候他在边上，我给学生上课的时候他经常在旁边当小助教。我上台主持前要写稿件，要一遍一遍地练习，他统统都看在眼里，不知不觉就全都模仿下来了，这就是根本原因。所以"身教"的力量有多大，相信大家一定明白了！要想孩子成为一个有自信的人，咱们自己就要先做一个让孩子时时效仿的、有自信的家长，这样孩子就能把自信转移到他们的身上去！

再举一个例子。

我曾经有一个学员，他和他妈妈一起来参加我的亲子课，本来孩子就有一些怯场，当我请他的妈妈先勇敢地走到台上来做示范的时候，妈妈也是表示拒绝的。在这种影响下，孩子很自然地就会认为自己胆小没有什么错啊，因为妈妈也这样嘛，我要和妈妈一样。因为在孩子们的心中，他们的爸爸妈妈永远是他们心中的"奥特曼"，是非常厉害的人，如果"奥特曼"的能力不高，那孩子们自然就认为自己的能力也可以不高，孩子的心里就是这样想的。就算不是这样想，当家长让孩子突破自我进行重塑的时候，孩子也会拿"爸爸妈妈也不敢"为借口来搪塞！所以，如果希望孩子能充满自信，请家长先变成一个自信的人！

知识点

要想提升孩子的自信心,先要避免生活中采取损害孩子自信心的做法。让孩子变得不自信,首要的一个原因就是家中有不自信的家长。当家长不自信的时候,孩子就会把这种不自信转移和模仿到自己身上,所以,聪明的爸爸妈妈们,一定要做一个有自信的家长哦!

◆ 只能看到孩子的缺点

前面我讲述了毁掉孩子自信的"黑历史"之一：家里有不自信的家长。下面咱们接着来讲其他的"黑历史"，看看家长朋友是否中招了。

黑历史2： *家长要求太高、眼睛总盯着孩子的缺点看！*

在生活中，经常会有这样一些家长，他们对孩子的要求特别高，总是能在孩子身上找出各种各样的缺点来。而一般情况下，有两种家长的情况比较严重：一种是特别优秀的家长，他们自己本身是非常优秀的，所以对待孩子就会比较趋于完美，要求孩子必须达到一定的高度，这样往往会给孩子造成非常大的压力。在高强度的要求下，在家长的否定中，孩子常常生活得无所适从，不知道到底怎么做才能符合家长的要求，所以这类孩子大部分都会变得比较胆小，不敢表达。而另一种是家长自己本身不够好，就想通过孩子来实现自己没有实现的愿望。这种情况下，家长也会给孩子很大的压力，如果压力在孩子身上无法纾解，甚至会造成意想不到的后果。

我记得曾经看过一档节目，节目中一位农民对自己的儿子要求特别高，要求孩子一定考第一，不考第一就是各种严惩。他还要求孩子以后一定要当官，对儿子都是否定和高压力要求，结果却是适得其反，最后导致孩子变成了自闭症患者，非常可惜。

◆ 爱与别的孩子做比较

黑历史3： 拿自己孩子的短板和别人孩子的长处做比较。

关于这种错误的做法，在生活中也是常见的，比如，可能孩子就是对音乐没有天赋，或者说天赋不高，但是家长总会对孩子说："你看，人家的小朋友唱歌唱得多好，你怎么就唱不好呢？"再或者，很多爷爷奶奶带孩子的时候总用老眼光看问题，只关注孩子的学习成绩，在他们的价值观中只要孩子学习成绩好，不惹事，其他都不重要。所以他们很爱说："你看看你们班上的萱萱，人家总是考第一，你就不能努努力吗？你怎么就学不好呢？"又或者，日常生活中，哪怕是和孩子在楼下散步，都能数落孩子一顿："你看看人家帅帅，打招呼的声音多大啊，再看看你，连句话都不敢说，真是个笨蛋！"

上文中这两个"黑历史"场景，大家有中招吗？也许我举的例子与大家生活中的场景不完全相同，说的也不是同样的话，但是这样的情况都多多少少会存在和发生。明明孩子已经很不错了，可是在家长的眼睛里，总也看不到孩子的优点，看到的全是问题；总是觉得别人家的孩子比自己家的孩子要好。这样下去，只会让孩子觉得自己身上全是缺点，不然为什么总是被爸爸妈妈批评呢？为什么爸爸妈妈总是喜欢别人家的孩子呢？久而久之，孩子逐渐形成对自己不正确的认知，认为自己："我不够好，我不行。"可能作为家长，都认为自己是最爱孩子的，不觉得一些简单的批评会对孩子造成多大的影响，更不可能认为会给孩子带来伤害，但是如果一直这样下去，就会加强孩子对"缺点"的认知强化，使得孩子只关注自己的"缺点"，最后进行自我否定。自认为很爱孩子的家长们，孩子就是这样一步一步被毁掉的！

知识点

我们又总结了两个让孩子毁掉自信的"黑历史"：一个是对孩子要求过高，眼睛总是盯着孩子的缺点看；还有一个是总拿自己孩子的短处去和别人家孩子的长处做比较。这些做法都会直接导致孩子生活在家长的批评和"缺点思维"里，时间一长，这类孩子就会不断强化这些"缺点"，认为自己是真的不够好，真的不行。最可怕的是，孩子们一旦认定了自己不行，就不会做出任何努力进行改变了。"内在的否定"是最可怕的事情。所以，希望聪明的家长朋友们一定不要再这样随意批评自己的孩子了哦！

◆ 用成年人的标准去要求孩子

接下来说说其他毁掉孩子自信的"黑历史"。

黑历史4：拿成人和孩子比较。

在前面的文章中，我说了一个损害孩子自信心的"黑历史"，是拿别的孩子的长处和自己孩子的短处做比较，这会让孩子认为自己很差劲。现在要说的这个黑历史则是有的家长会拿自己和孩子做比较，也就是拿成人和孩子做比较。可能很多人会说，这种情况应该不会有吧，哪有人会拿着成人和孩子做比较呢？其实我们仔细观察一下周围的人，就会发现这种情况真的存在。

我有一个亲戚，在他们家里，爸爸就经常不自觉地拿成人和孩子做比较。通常会有两种情况：一种是拿成人小时候的辉煌成绩来与现在孩子的比较差的状态做对比。有一次，我去他们家的时候就观察到，在他看见女儿做作业时间很长或者需要家长讲解的时候，就说："你看看你怎么做得这么慢，还总分心。我小时候写作业可是从来都很快的，也从来不分心。你怎么会惦记那么多其他的东西啊？还总想着玩手机。"其实当家长有这样的言论的时候，他们并没有考虑到时代是有变化性因素的，爸爸在小的时候是没有电子产品的，学习的内容难易程度和现在也不完全相同，所以爸爸这样说是极其不负责任的。倘若我们把这位爸爸的小时候也换成现在的时代，说不定还比不上他的孩子表现好呢！那么，还有另一种情况更可怕，就是拿成人的知识体量去和孩子的知识体量来比较。比如，还是那位爸爸，他后来又开始给孩子讲解数学题。在他讲解的时候，我就听到了这样的话："你怎么这么笨啊，这道题我看一眼就会了，这么简单，你怎么就不会呢！"这位爸爸又犯了一个严重的错误，那就是拿自己的知识体量去和一个孩子做比较。试问一个上过大学的成年人，如果看小学一年级的题目的时候还觉得难，这符合常理吗？但是孩子就不同了，他没有成年人学习了三十几年的知识体量，在她的大脑中，还没有那么多可以应用的知识点或者解题思路，这个时候是需要家长站在孩子的角度上去耐心辅导，可是家长如果用这样的言语对孩子说话，只会让本来就觉得自己做得不够好的孩子失去学习的动力，给自己下了一个"学不好或很笨"的判断，这个时候再想调动孩子的积极性，让他主动去学习，就比较难了。

大家一定要记得，只有让孩子相信自己是优秀的，是有能力解答出题目或者克服困难的，这个时候，他们才会有动力去探寻学习方法，从而顺利地解答题目。所以千万别在孩子很小的时候就让孩子自己封闭了学习的道路。

知识点

要想提升孩子的自信心，先要避免生活中采取损害孩子自信心的做法。让孩子变得不自信，首要的一个原因就是家中有不自信的家长。当家长不自信的时候，孩子就会模仿这种不自信并转移到自己身上。所以，聪明的爸爸妈妈们，一定要做一个有自信的家长哦！

◆ 用"恐吓"的方式管教孩子

黑历史5： 动不动就说"不要你了！"

当我写下这句话的时候，在看文章的家长们有没有觉得这句话好像挺熟悉的？没错，这句话经常出现在很多家庭对话中，特别是一些上了年纪的人口中。"不要你了！"或者"你一定要听话啊，不然就会被大灰狼给带走。"这样的话，在老一辈的教育方式中很常见，因为他们那个时候每家孩子都很多，生活条件也没有那么好，没有精力精细地管理每一个孩子，所以为了吓住孩子，不让孩子调皮捣蛋，就惯用这种"恐吓"的方式来管教孩子，目的是让孩子变得乖一点。在过去的年代里，因为各种条件都有限，也没有多少人会去探究这样的说话方式对孩子的内心是否有巨大的伤害。其实，对于孩子来说，他一出生就要依赖于家长的喂养，要靠家长给他吃的、喝的、穿的、用的。在孩子的心中，每天对他进行照顾的家长就是他最重要的人，不仅重要，甚至是孩子心目中最厉害的"神"。孩子除了依赖于家长就再也没有其他去处了，所以家长和这个家就是孩子的全部。而当家长轻易地说出"我不要你"的时候，不光是语言上的否定和抛弃，还伴随着"面目狰狞"的丑陋吓人的面孔，

甚至还有肢体上的推、打等动作,所有这些感官上的综合表现,都会让孩子陷入深深的恐惧和焦虑中。如果一个孩子经常在这样的恐惧中生活,他的心情一直是紧张的,他时刻担心家长是不是什么时候又要把他推出家门了,那么不要说孩子有自信了,就是能经常开心地大笑都很难。

◆ 语言暴力

黑历史6： 家长经常采用语言暴力，也就是我们常说的对孩子进行打骂。

很多家长都信奉"棍棒底下出孝子"，孩子有错误就要不停地打骂。其实我不反对当孩子犯错时要给予惩罚和管教，但是请注意方式方法，一定切记：不可以进行打骂！有的家长会说："我知道打人是不对的，家长那么大个子，打个小孩算什么本事，但是骂总归可以吧？"其实语言暴力一样危害无穷！原因是，语言暴力不但会不断否定孩子，让孩子怀疑自己的优秀程度，对自己下了"不够好"的定义，而且语言同样有能量，它会很神奇地让一个人走向他经常说的内容。比如家长骂孩子"你就是一头猪"，孩子就会不断强化自己是一头猪，很笨，很蠢，即便是个聪明的孩子，也会让自己变得笨起来。所以这是不是非常可怕？下次，当家长们再想要骂孩子的时候，请想一想，孩子可能真的会变成那个不好的样子，也许就能停住想说出口的话了！

知识点

我们又总结了让孩子毁掉自信的三个"黑历史":拿成人和孩子做比较;总是恐吓孩子说"我不要你了";经常对孩子使用语言暴力。这三点,希望聪明的家长看完以后,把它们都从教育孩子的内容中去掉,让我们好好地、正确地爱孩子!

4

提升孩子自信心的八个方法

我们在了解了毁掉孩子自信的"黑历史"后,首先停止这些错误的做法,然后再来看如何做才能增强孩子的自信心!在接下来的8篇文章中,我就来跟大家分享一下,生活中要怎么做才能增强孩子的自信心。

◆ 拥抱孩子

首先我们来看第一个方法,也是最基础的方法:拥抱孩子!

可能有的家长又会问了,为什么拥抱孩子能增加孩子的自信心呢?我们先从两种不同情况进行剖析。先说本来就缺乏自信的这一类孩子。不知道家长们还记不记得,在前面的关于亲子阅读的讲解中,我说过亲子阅读也能够为孩子的"安全感"进行充电。其实一个孩子之所以会出现不自信的情况,有很大一部分原因是"安全感"不足。自信的形成过程是先有充足的安全感,让孩子觉得有"靠山",这样就会促使"勇气"的产生。而我们看到的"有自信的样子",

其实背后都是因为孩子内在"非常有勇气"产生的,所以针对缺乏自信的孩子,我们要学会从"根源"入手,先不要想着用什么跳跃式的或者走捷径的方法让孩子有自信,那些方法也许有用,但都不如把孩子的基础打牢来得实在。所以我们要经常"拥抱孩子",让孩子知道爸爸妈妈很爱他,为他的"安全感"充电,当"安全感"充满电以后,就会自然而然地出现"勇气"和"自信",这个时候我们再用其他的方法进行叠加,使"自信"的状态更加稳固和凸显!

说完了"缺乏自信的这一类孩子",我们再来说一下本来自信心就还不错的这类孩子。对于这些本来就很有自信的孩子来说,如果常常被家长拥抱,也会不停地让他们找到"温暖""幸福"的感觉,甚至是"成就感",这些都无疑会再一次稳固孩子已经形成的"自信心"。为什么呢?大家想想看,我们通常会在什么情况下拥抱孩子呢?当然是很喜欢孩子、很需要孩子,或者很想赞美孩子的时候做出拥抱孩子的动作。我们从来都不可能看见一个家长非常嫌弃一个孩子,还能拥抱孩子。嫌弃的表现一般是转身走开了,甚至表情、语言、动作都会表现出"嫌弃"。所以很自然地,当你常常拥抱孩子,潜意识里就是对孩子的一种肯定,孩子会很直接地感受到你需要他、赞美他、喜欢他,这些情绪的产生无疑都指向一个结果:那就是他很棒!

所以,无论是本身缺乏自信的孩子,还是已经拥有自信的孩子,我们都要经常地去拥抱他们,让孩子不断地通过爸爸妈妈的"拥抱"

得到肯定、得到"被认可""被爱"的感受！从而不断地增加和稳固自信心。

我们知道了要经常"拥抱孩子"这个方法，可是在做法上，有什么要注意的吗？当然有了。

我曾经在一个美容院做脸部护理，美容院的店长向我请教如何让她家的孩子变得自信，当我说要"拥抱孩子"的时候，她说平时也会抱孩子。我说："你的方式错了！"比如，她的孩子在家里，经常是"主动索要拥抱"，然后爸爸妈妈再"给予拥抱"，这个过程就有不对的地方。当一个孩子主动索要拥抱的时候，证明他已经开始"安全感不足了"，他通过向你索要拥抱来对安全感进行补足。这个时候作为家长，也许会为了满足孩子的需要，拥抱他一下，无论是力度还是温暖程度都可能不够，因为这个拥抱不是家长主动想要给孩子的，而只是为了满足孩子的需求而已，所以对于孩子想要的"温暖"和"爱"，还是基本满足不了的。也就是说，家长虽然"拥抱"了孩子，效果却不好。倘若在这个过程中，孩子索要拥抱，家长却不给，那么孩子的安全感不但没有满足，还又一次受到了损失。所以，一定要进行正确的拥抱。我当时就告诉这位店长，请你把你的"被动拥抱"变成"主动拥抱"，你一回到家，不是孩子跑上来主动拥抱你，或者向你索要拥抱，而是你主动地、热情地去

拥抱他,同时伴随着微笑和温暖的话语,比如:"妈妈都一天没看见你了,好想你啊,来亲一个。"这样的次数多了,你的拥抱才会不断地给孩子的"安全感"充电!才是真正地为孩子的自信心打气!

知识点

要想让孩子变得自信,第一步要先补足孩子的"安全感",只有当安全感充足的时候,孩子才有勇气和自信,而常常主动地、用充满爱和温暖的方式拥抱孩子,才能更有效地为安全感充电,为自信心打气!

◆ 做自信的家长

上一篇我讲述了生活中提升孩子自信心的第一个方法：拥抱孩子。接着再来给大家讲生活中的另一个提升孩子自信心的方法：做自信的家长。

在前面说到的毁掉孩子自信心的黑历史中，我们也提到了，如果家中有不自信的家长，孩子是很容易变得不自信的。因为孩子小的时候是通过模仿他身边的人进行学习的，他们会把家长身上的特点转移到自己身上。所以我们一直在强调"身教大于言传"。

当我们知道了要做自信的家长以后，到底要注意什么或者说要怎么做呢？其实，大家在生活中主要要把握一点，那就是当自己面对困难的时候，请不要退缩，请主动面对，并且积极寻找解决方法。如果作为家长在生活中把这个原则当作一种习惯来执行的话，也就起到了树立起"自信的家长"的良好示范作用。

当然，如果身为家长本身就不自信，那么这条原则做起来可能就会触碰到家长的思维舒适区，会让其在开始执行的时候有很大难度。因为任何人一旦形成思维定式或者行为上的习惯，是很难改变的。但是我们要意识到，我们这么做到底为了什么？想明白这个道理才会执行得更好。第一，我们的初衷自然是为了孩子，为了给孩子一个良好的示范，让孩子在生活中得到良好的引导和熏陶，让孩子复制的是家长身上正向的、自信的特质，而不是退缩的、消极的特质；第二，如果家长愿意尝试突破自己，慢慢也会发现，当做出改变的时候，就会得到意想不到的奖励，会发现生活中正在发生微妙的变化。因为家长的态度变得主动、积极，有困难或棘手任务要解决的时候，为了能让自己去做好这件事，就会不断地去挖掘做这件事的"好处"，或者说是"优点"，坚持下去，无论是生活还是事业都会有所改变。可能有人理解不了这其中的原因。人们之所以有时做事会退缩，是因为总是在潜意识里不断地寻找做这件事的弊端和危害，不断地找到各种理由劝服自己不去做这件事。一个人如果总是把目光放在负面信息上，那他无论是在意识里还是在行动上都会变得越来越负面。时间久了，整个人的状态就会比较消极，即便遇到好机会也会下意识地劝服自己躲开，自然不会收获什么好的结果。所以只要我们决定开始改变，决定突破自己的思维舒适区，那么不仅仅是给孩子塑造了一个自信的榜样，还能让自己得到质的提升！

　　为了让大家能形象地理解生活中家长到底是怎么在无形中影响孩子的，我来描述一个生活中的场景给大家做解释。

　　有一天，一位做办公室科员的爸爸回到家，全家人在一起吃饭的时候，他们就开始聊天了。爸爸说："哎呀，最近工作好忙啊，人手也不足，刚走了一个领导。"妈妈说："哦，是吗？那估计你们要来新领导了，或者会不会在你们内部挑选啊？"

爸爸又说:"大家都这么说,我们的经理还单独和我聊过,想让我来做这个主管工作。"妈妈说:"好事啊!那你答应了吗?"爸爸说:"没有,我才不去呢,最近工作量这么大,去做这个主管一点好处都没有,做的事情还有我不会的,要额外花时间学,多麻烦。"爸爸妈妈这样的谈话我们似乎在生活中司空见惯吧。

就这个谈话内容,我来跟大家分析分析,家长对孩子的价值观、自信心还有各种判断力是怎样产生影响的。我们从自信心这个角度对这段家庭闲聊的内容进行一下剖析:首先,当这个爸爸说到他们领导问过他要不要担当主管时,他看问题的角度一直是负面的,一直在找做这个主管不好的一面,比如要加班、要学新东西,比如工作很累,等等,这个对于他来说其实就是一个"小的困难",但为了让自己躲开这次"机会",爸爸的潜意识在不断地说服自己进行"逃避"和"退缩",那么请问,在旁边一起吃饭并且把全部对话都听了进去的孩子会怎么想呢?他会觉得:"哦,原来爸爸面对这件事的时候都是在找不好的一面,而且一直在退缩,那么下次我也就效仿爸爸的口吻和做法去做事吧。"因为父母是孩子的第一任老师,父母示范给了孩子这样一种思考问题的方式,孩子自然也就这么学了。我们如果换一个积极的角度考虑呢,做这个主管真的一点好处也没有吗?当然不是,这是一个很好的提升自己的机会,一个人越是有机会挑战自己的思维舒适区,让自己学习新的、

不会的东西，就越能够成长，而当自己成长了以后，思维维度会变得不同，思路也会更多，看问题的角度和眼光也会更优化，这种思维和思想上的优化不是只影响工作而已，它会影响到一个人生活的方方面面，对其他方面也会带来整体的上升式影响！

我们常常会发现，很多人其实一开始没有那么优秀，就是因为他们有勇气、有自信，愿意接受各种挑战从而让自己变得优秀。结果不久以后，我们会发现这些人很神奇地有了质的飞跃！所以人都是在"做"的过程中不断成长的，"不做"就会停滞不前，甚至后退。那么大家通过这个场景的描述，明白了在生活中到底要怎么做了吗？自信，不是一句一句地教育孩子要自信他就能学会的，作为家长，要让孩子看到自信的做法和自信的样子！

> 要想让孩子变得自信，第二个方法是要做自信的家长，把注意力从负面转移到正面上来，做事要积极、主动、找优点，说服自己去"做"，而不是"不做"。

◆ **盯着孩子的优点看**

前面讲述了生活中提升孩子自信心的第二个方法：做自信的家长。只有家长变得自信了、积极了，才能把这份自信复制到孩子身上，时刻在孩子身边安放一个"好老师"。接下来讲讲生活中第三个提升孩子自信心的方法：盯着孩子的优点看。在前面说到的毁掉孩子自信心的"黑历史"中，我也提到了，很多家长对孩子要求过高，眼睛总是盯着孩子的缺点看。如果家长们一味地盯着孩子的缺点看，只会让孩子觉得自己什么都不行，对自己下了"我不行"的定论。而可怕的是，人的语言是有能量的，不断地重复什么就是加深、加强了什么，所以当家长们不断重复这些缺点时，孩子就会把这些缺点记住，并最终把它们变成现实。关于这一点，我给大家举一个在我自己身上发生的例子。

那是在我还没有长大成人的时候，有一天，我早上起来吃早饭，因为桌子有点矮，所以我坐得有点驼背。妈妈看到了以后就大声呵斥说："你看看你，都驼背了！我看你啊将来一定得变成罗锅！"当我听到这句话的时候，本来早上很愉快的心情一下子被破坏了，变成了烦躁。不仅好心情没了，我还不自

觉地顺着她的话去想:"罗锅?罗锅是什么样?弧度有多大?"于是我的脑海里全是驼背的影像,当时就觉得自己更朝着驼背的样子靠近了!其实,我是理解妈妈这么说我的用意,她是想提醒我坐有坐相,要把后背挺直,但是因为她说话的错误方式,反倒让我陷入了误区,不仅没让我后背挺直,就连带着我的好心情也给破坏了,实在是没有救我反而害了我。这是有多可怕!所以我们一定要养成说话"正向说"的习惯。比如这个例子,我妈妈如果把那一番带有"诅咒"特性的话改成:"你应该把后背挺直。"这么一来就达到了很好的效果。如果还能加以修饰,变成:"你应该把后背挺直,这样就能更漂亮了!"那这样的效果就更好!所以,如果每个爸爸妈妈都在不断地强化孩子的"缺点",对孩子的摧残力就很大。而如果正向说,效果就完全不一样了。

我们要从现在开始,把注意力转移到孩子的优点上来,不断地强化优点,让优点无限地被放大,让孩子通过家长的肯定而感觉到自己是很好的、很厉害的,从而找到自信。即便是孩子有错误的时候,也不要刻意地去强调错误,而是告诉孩子应该怎么做,这样就会有效地避免"缺点被放大"。

其实每个孩子身上都有非常多的优点,只是因为长久以来传统的教育方式方法,让我们习惯了一味地针对孩子的缺点进行批评教育,很多老一辈的人都是这样教育孩子的,其实就连我们自己也是被父母这么教育长大的。现在，我希望我们这一代为人父母时，能把对孩子的注意力从"缺点"转移到"优点"上来，大家会发现，除了可以让孩子觉得自己很棒、有自信，还能收获很多其他的好处！首先，身教大于言传，当家长的注意力都集中到孩子的优点上的时候，看问题的状态就不再是"挑刺"的状态了，而是"凡事往好的方向看"和"做事对人找优点"，这样，慢慢形成的习惯就是正向积极的，孩子也会随着家长变得"凡事往好的方向看"和"做事对人找优点"，这个收获就是巨大的。如果孩子能养成这样的做事对人的习惯，他的人际关系一定是非常棒的。我相信没有人喜欢一个习惯性挑刺的人，我也相信大家都喜欢一个做事积极、对人友好的人！在这里我要补充一句，对别人友好的前提就是喜欢对方或者说不讨厌对方，那么为什么我们会喜欢对方呢？当然是因为我们发现了对方身上的优点啊。就是这样的一个逻辑！刚才我们说学会多把注意力放在孩子的优点上来，多夸赞，多表扬，除了可以成功引导孩子成为一个人际关系良好的孩子以外，第二个好处就是可以激发孩子身上的潜能，让孩子在某一方面快速成才！其实，只要我们认真观察，就会发现每个孩子都会有不同的自身潜能，而这种潜能如果能够得到很好的引导和兴趣激发，就会让孩子进入这个他有优势的领域并快速成长。有这样一个例子：

  有个孩子，平时作文成绩其实是一般的，但是有一次他写得很好，老师就把他的作文贴在了黑板报上作为范文进行

展示，这样的做法就是老师对孩子的"作文写得好"这件事进行了优点放大，从此这个孩子就迷恋上了写作文，作文就写得越来越好。

其实这样的例子生活中有很多，哪怕在小事上也是一样的。记得有一天，我去了一家幼儿园，进门的时候发现小朋友们都在看动画片，然后有一个小朋友就对我说了一句："阿姨好！"我马上开始"优点放大"，我说："宝贝你真有礼貌，真棒！"这个小朋友被夸赞后，开心地重复了好几遍"阿姨好！"，还做出了更有礼貌的样子给我看，进而影响到其他的小朋友也开始向我说"阿姨好！"所以，当你有效地强化了孩子的优点时，就相当于更好地鼓励孩子把优点重复和强化，让他们越做越好！

知 识 点

要想让孩子变得自信，第三个方法是要盯着孩子的优点看，只有多看孩子的优点，才能强化和放大优点，更让孩子认为自己是被喜欢、被认可的，从而找到自信！

◆ 鼓励孩子发表意见

之前讲过生活中提升孩子自信心的第三个方法：盯着孩子的优点看。只有家长不断地盯着孩子的优点，才能让孩子找到被认可、被喜欢的感觉，从而让孩子找到自信。下面，我来给大家讲讲生活中的第四个提升孩子自信心的方法：鼓励孩子发表意见。

熟悉我的人都知道，我是"安娜妈咪少儿口才"的创始人，经常有很多家长向我请教，说我们家的孩子到了外面就是不肯大声讲话，一点自信都没有。我说："要想让孩子在外面性格开朗、说话大声，并且能很好地表达自己，请你们第一步先让孩子在家里做到这些。"这是什么意思呢？对于一个孩子来说，在自己的家里，是最安全的地方，也是最熟悉的地方，如果在这样的环境里他们都这也不敢，那也不敢，那么还指望孩子在外面敢怎么样呢？如果在家里都无法自由地发表自己的意见，也没办法大声说话，那么这个孩子就很容易不习惯"大声说话"了。就像我在给孩子上口才课的时候，我发现很多孩子根本就没有体会过什么叫作"大声说话"，说话的时候嘴巴都是不怎么张开的，所以声音小小的。他们连大声说话的感觉都没有体会过，更不用说能自信

地大胆表达自己的想法了！那么是什么造成这样的情况呢？就是因为很多孩子在家里就是这样的，都已经养成了习惯，这个时候，家长还强迫孩子出门要大声说话，简直是天方夜谭！就好比我们让一个从来都没有学过跳舞的人在舞台上给大家跳一支特别好看的舞蹈，这可能吗？显然是不行的！所以我每每遇到这样的问题，都是先告诉家长："你先别急着让孩子在大庭广众之下大声讲话，你先让孩子习惯在家里大声讲话和发表意见！"可能有的家长会问，鼓励孩子发表自己的意见，为什么能增强孩子的自信心呢？我们一起来剖析一下。孩子没有自信心，做事胆小懦弱，这是一种外在表现，其实他的内心是认为自己"我不行，我做什么事情都做不成，爸爸妈妈也不喜欢我，我也不重要"。所以说，孩子们的外在表现是胆小，是不敢，是样子不自信，其实是这些内在原因所导致的。为了改变孩子对自己的认知和能力的认定，我们必须做一些让孩子觉得自己"很厉害""很受欢迎""很重要"的事情，来让孩子感受和验证自己是"行"的！那么我们应该怎么做呢？有个简单的做法就是：让孩子发表意见！首先我们来看看"发表意见"这件事的心理层次是什么样的。第一层：一个孩子如果要想对一件事情"发表意见"，一定是主动的，或者说虽然在开始的时候是由父母引导和鼓励他们"发表意见"，看似是被动的，但是他们为了能够发表意见，必须要主动地去思考，让大脑转动起来，通过他们自己的分析，总结出他们要发表什么样的意见。而当孩子从纯粹的"被动执行"向"主动思考"转变时,他就开始变得积极了、正向了。第二层,当孩子们知道在这个家里面,自己不仅仅是"被动执行"的人,还是一个可以"发表意见"的人的时候,孩子们的主人翁精神就会被激发出来。我们都知道当一个人对组织或者家庭具有了主人翁精神的时候,他们的主动性会大大地提升,而主人翁精神的存在,会直接让人体会到自己是"被喜欢的""被认可的",这就可以促进"自信"的产生了。第三层,也是尤为重要的一层,当孩子绞尽脑汁地想出他对某件事的"看法"并进行"发表"的时候,请家长切记:一定要表示赞同,哪怕在内容上不赞同,也不要直接否定,否则孩子刚刚要树立起来的自信心,一下子又被打回去了,甚至是受到更深的伤害。为什么这么说呢?因为在孩子还不确定自己是不是"很重要"的时候,家长的否定再一次给孩子认为的"自己不行"找到了理由,孩子们心里就会想:"你看,我说我不行吧,你还偏偏让我说,这个结果不是正好说明了我不行吗?还让我很没面子!我以后再也不说了!"所以,我再次强调,鼓励孩子发表意见,不是一种形式,对树立孩子的自信而言,这是一个非常重要的过程。当孩子发表意见的时候,家长一定要表示赞同,哪怕不赞同也不要直接否定,要允许孩子有不一样的想法出现!我们做这些只有一个目的,那就是通过"鼓励孩子发表意见"让孩子找到"主人翁精神",让孩子变得主动且爱思考,然后通过

父母对他们意见的认可,让孩子知道自己是"行"的,最后不断强化自己"很行""很厉害",时间一久,孩子的自信就会慢慢地被培养出来了。

知识点

要想孩子有自信,首先要在家里"鼓励孩子发表意见",并认可孩子的想法,让孩子最终产生"我很厉害""我很行"的自我认知,这样,孩子就会慢慢地找回自信!

◆ 内在心理暗示

前文讲到生活中提升孩子自信心的第四个方法是：鼓励孩子发表意见。孩子们在发表意见的时候可以得到"被认可"和"被喜欢"的感觉，也会培养孩子的"主人翁精神"，从而让孩子找到自信。我再来讲讲生活中的第五个提升孩子自信心的方法：心理暗示。其实要想让一个人变得自信，主要从两个方面入手，一个是内在，一个是外在，而且内在和外在之间还可以互相影响。所谓内在就是自己认为自己是优秀的，可以把事情做好，相信自己的能力；所谓外在，是通过外界的认可来证明自己是优秀的，可以把事情做好。这两点缺一不可。如果一个人在内在或者外在上有一方面缺少了认可，都会导致自信度的下降。比如，一个内在自信的人，如果外界一直批评这个人，一直否定这个人，也许一开始他还觉得无所谓，可时间长了就会逐渐怀疑自己的判断是不是有偏差，自己是不是真的没有想象中那么好，导致的最终结果就是失去自信。我们有很多成年人都会出现这样的情况，更何况是孩子了。如果是一个内心非常没有自信的人，那他即便受到了外界的夸赞和表扬，第一反应也会是怀疑，心里会问："是吗？我有他们说得那么好吗？肯定是他们看错了。"这种情况下，除

非别人对他长期地、大力地赞扬和认可才会让他接受这个事实。但是现实生活中,我们很少会遇到对别人能够长期大力赞扬的人,哪怕是最亲近的人也很难做到,所以最后的结果都是不自信的人继续相信自己不够好,继续不自信,而外界的人,因为看到了这个人消极的状态,时间长了也不愿意赞美了,甚至有好的机会也不会给他了。所以,我们说,一个人要变得自信,必须内在和外在同时得到肯定和认可,而且内在的力量会起到主导作用。对于孩子而言,我们家长一定要把握住孩子小时候的时间,把孩子从小就塑造成一个自信而强大的人。这篇文章,我们主要来讲讲"从内在塑造孩子的自信"到底该怎么做。我给大家讲一个我自己的例子。

大家现在所看到的和听到的安娜妈咪,是一个拥有1 500万听众的国内知名儿童主播,而且也经常进行公众演讲,全国各地做阅读讲座,还创建了"安娜妈咪少儿口才"。但是大家不知道的是,我小时候一直是一个非常内向和文静的女孩子,一直到上高中,我都基本上不会和同学多说什么话,也从来都不是那种活泼开朗、做事很随性的女孩,就连举手发言都非常紧张。我就是对自己进行了非常好的内在自信的树立,才逐渐变成了今天的安娜妈咪,这也是为什么"安娜妈咪少儿口才"的课程总能让孩子们快速地变得有自信的原因。很多孩子只上了两三堂课，上台的样子就变得像是学过很久口才课的孩子一样。

那么，当时的我到底是怎么进行内在自信的树立的呢？事情是这样的，在我的家乡齐齐哈尔市的工人文化宫，有一个叫"周末大舞台"的室外场地，每到夏天，这个"周末大舞台"就会有各种各样的晚会在上面上演。那一年，我读高二，那个夏天正好我们学校也要在"周末大舞台"上进行汇报演出，因为这个事情，音乐班的老师就开始到处选女主持人。可能是因为我的形象比较好，所以在众多的女生中，老师选择了我来做这个主持人。但是这件事对我来说实在是"压力山大"，因为虽然我那个时候也是学校广播站的一名播音员，可光是在话筒前读那些文字就已经让我紧张得不得了了，甚至感觉自己每次都是带着颤音在读的，对于做真正的舞台主持人，我真是一点也不会，更没有学过，所以那个时候在主持经验上等于一张白纸的我，真的不知道该怎么办了。因为平时我是属于很乖巧的类型，所以当老师找到我的时候，也就只有听话照做了。老师们找人帮我写了一份稿子，告诉我上台是可以拿着稿子读的，但是一定不要读错。我硬着头皮接下了这份任务。其实现在回头来看，这件事是"挑战"也是"机遇"，正是因为有了这个压力和不得不完成的挑战，我做了一个对我自己而言最大的改变。我一个人去了音

乐班学生常去的琴房，在他们都不在的时候，我一个人在里面走来走去。我在想，到底要怎么做才能完成这个任务呢？我实在是太紧张了，就连呼吸和走路都感觉全身的毛孔是紧张的。而就在我走来走去的时候，我突然不知道哪里来的勇气，我想，反正我是要完成这个任务的，紧张也没有用，我要相信自己可以做好。于是，我反复地对自己重复"我可以的""我一定能做好""我是最棒的"，就这样，我一遍又一遍地重复这些话，并且让自己深深地相信这些话。之后，奇迹发生了！晚会那天，当我站上那个露天的大舞台的时候，台下有好几百人，我人生中第一次做舞台主持就是这么大一个场面。奇迹发生了，我非常顺利地完成了这次主持任务，就连特意跑来观看的爷爷奶奶和其他亲戚朋友都无法相信他们自己的眼睛。他们说："我们实在不敢相信台上的主持人是那个平时都不怎么说话、特别文静乖巧的安娜。"而且更加不可思议的是，我竟可以如此顺利地完成主持任务，完全不像一个没有任何主持经验的人。从那以后，我的自信就被彻底激发出来，应该说这次的主持，是人生对我最大的恩赐，让我树立了自信。最重要的是，我知道如何做才能让我变得自信满满！

知识点

一个孩子想要自信,要在内在和外在上同时进行肯定和认可才可以,而内在树立自信的时候,要让孩子对自己相信和认可,可以反复地说"我可以的"来进行心理暗示,以达到树立内在自信的目的。

◆ 外在形象提升

上一篇,我讲述了生活中提升孩子自信心的第五个方法:内在心理暗示。孩子们要对自己说"我可以""我能够做到"。这些心理暗示会对孩子产生奇迹般的效果。接下来给大家讲讲第六个提升孩子自信心的方法:外在形象提升。要想让一个人变得自信,主要从内在、外在两个方面入手,关于内在的自信心树立的方法,我们已经讲过了,另一个就是外在的自信心树立。外在的自信心树立分为两个方面:一个是"自身的外在形象提升",另一个是"外界的外在正向认定"。我们先来看第一个方面:"自身的外在形象提升"。这句话要怎么解释呢?这句话的意思就是:如果孩子的内在还不够自信,那么可以先在外在的肢体动作和语言状态上假装自己很自信,把那个被认为是"自信"的样子做出来,习惯这样以后,就会让孩子的内在也慢慢变得自信起来。为什么会这样呢?其实有两种理论可以解释,一个是思想层面的,也就是我们常说的"吸引力法则"。我们常常想什么,就会真的发生什么,这是一种思维吸引。既然是这样,我们让孩子常常做出自信的外在表现的时候,同时明确地告诉孩子这就是"自信"的样子，时间久了，"自信"的概念就会进入孩子的大脑中，进而形成一种习惯，孩子就真的自信了；还有一个是动作习惯层面的，就是一个人是可以通过自己的动作对自己进行暗示的，比如做出开心的样子，做得越真，越像，次数越多，就会真的变得开心起来，而且这种外在动作的暗示不光是对自己有效，做的次数多了也会形成习惯，进而也会对孩子产生影响，孩子就会随着变得越来越自信了！说到这里，大家可能会问，既然这个"自身的外在形象提升"效果这么好，到底要怎么做呢？最关键的一点就是要让孩子做出"自信"的样子，想要做到这一步，就要先知道"自信"的样子是什么样的。为了让家长有个全面的了解，我们一起先来回想一下"不自信"的样子是什么样的。大家有没有发现，大部分不自信的人都是这样的形象：走路的时候低着头，说话声音小小的，和人说话的时候眼睛也不敢看着对方，有的还含胸驼背，动作更是很缓慢，给人一种"软绵绵""慢吞吞"的感觉。当我们看到这样的成年人或者孩子的时候，我们自己也会提不起精神，开心不起来。所以如果想要让孩子的外在形象变得有自信，就要让孩子做到以下几点：

1. 练习和人说话的时候要看对方的眼睛；
2. 走路抬头挺胸；
3. 说话的时候音量要大一些；
4. 做事的时候速度要快一些。

　　如果孩子能够坚持在生活的细节上保持上述的4点状态,这个"自信"的外在形象形成习惯以后,就会慢慢地让孩子真的"自信"起来!当然,如果在这些基础之上,作为有智慧的家长,也可以给孩子改变一下衣服的颜色,多给孩子买一些亮色的衣服,让孩子从视觉上也变得活泼和积极起来;或者带着孩子参加活动的时候,鼓励孩子冲在前面等等,这些外在的"塑造",家长可以根据自己孩子的特点来灵活对待哦。

　　然后我想在这里额外补充一下,如果是已经上小学高年级或者是上了初中、高中的孩子,在这个时候,孩子的自信状态已经基本形成了,是比较难改变的。我们家长也不要强求了。我们在这里介绍的方法更多的是针对8周岁前的孩子的,但是如果正在看书的家长是有两个孩子的,老大已经是小学高年级或者上了初中了,假如你想让他的自信更好地提升的话,不妨看一下我下面的建议,那就是允许孩子在两种状态中进行转换。这是什么意思呢?比如我之前剖析过的我自己的例子,我是在高中的时候才找到了改变自己的方法,所以会出现一种情况,当我需要上台的时候、需要当众做演讲的时候,我的状态会马上变得自信和亢奋,把自己调动起来去适应这个舞台,而当我走下舞台的时候,就会变回原来安静的自己。可能大家会觉得很奇怪,为什么在台上的我和在台下的我有两种类型的表现呢?这原因很简单,因为一个人的性格是在6~8岁前形成的,一旦形成就会伴随一生，很难改变，除非有非常大的动力进行自我改变。不过这样的过程也是很不容易的，比起8岁前的效果真是天差地别，所以如果孩子比较大了，那么可以告诉孩子用上述的方法进行自我改变，也允许他进行两种状态的转换，这样孩子就不会有太大的压力。他知道在需要演讲的时候、需要表现自己的时候可以怎么做，而等到自己独处的时候又可以回到自己喜欢的安静的状态，这样就会好很多。

知识点

要想让孩子自信，除了内在的心理暗示以外，外在的"自身形象提升"也非常重要，如果孩子的外在形象有了"自信的样子"，就会让孩子从"假装自信"变成"真的自信"，非常神奇哦，赶紧试试吧！

◆ 能做的事情自己做

我们讲述了生活中提升孩子自信心的第六个做法：外在形象提升。让孩子通过展现出"自信的样子"从而逐渐变成真的自信。下面我们再来给大家讲讲生活中的第七个提升孩子自信心的做法：能做的事情自己做。

其实我们常说，如果你想害了一个孩子，那么最好的做法就是什么都为孩子包办，让他什么事情都不做，特别是男孩子。针对这样的结论有的家长是认同的，也有的家长是不认同的，我们做家长的都是想着怎么爱孩子，把最好的东西给孩子，那些要做的脏活累活恨不得我们一个人包了，这怎么还能是害了孩子呢？那我们来看看为什么"让孩子什么都不做"反而是害了孩子。

首先，从一个孩子责任感培养的角度来说，如果一个孩子从来都是由妈妈或者其他家长帮助他们处理各种事情，那么逐渐的这个孩子的大脑中会认为别人这样为他服务是理所当然的，做任何事情都会"依赖别人"而不是"主动承担"，相应的如果有错误也会同样"推卸责任"认为都是别人的错，和他没有关系，而且在这个过程中很多孩子其实在意识上是不知道自己的做法有错误的，他只是习惯了这种做法，认为这就是对的。所以家长在对待孩子做事的问题上一定要重视起来，让孩子学会做事。

再来，从自信的角度来说，要想树立孩子的自信，要不断地让孩子能够"做成事"，就是把一件一件的事情通过孩子们自己的智慧和双手做成，甚至做得优秀和精彩，这样的过程才会促使孩子觉得自己"很厉害"，越来越自信。这里面就会涉及一定要"做事"，如果孩子连做事的机会都没有，你一个劲儿的让孩子相信自己很厉害，或者别人夸他很聪明很优秀，这都是空话，都是没有"通过实践验证"的话，那么这个鼓励孩子"自信"的效果就会变差！

可能你会问了，我们让孩子去做事，是不是所有的家庭劳动都让孩子来完成呢？肯定不是，孩子还很小，他们的能力还不够强，我们要让孩子去做一些"通过他们努力能够完成的事情"。意思就是说这些让孩子做的事情，有两个硬性标准：一个是从培养自信心的角度来说，这个要做的事情是在孩子眼中做起来有一点点难度的事情，而不是他轻而易举就能做到的事情；另外一个标准是你作为家长可以直接预料到孩子能够通过自己的努力把这件事顺利完成。这两点很重要！为什么呢？我们说一个孩子自信的基础是认为自己"很厉害"，那么如果他做的事情太轻而易举了，就体现不出他的"厉害"之处了；而另外一个角度，如果

孩子做的事情，努力了半天最后没做成，就会对孩子的自信心有打击，他会觉得自己不够厉害，不然怎么会没做成呢？所以在培养自信心这个维度上，选择让孩子去做的这些事情，家长还是要花点心思的，把握好其中的尺度。当然，如果你想顺便培养一下孩子的责任心，那么一些家庭小事，比如倒垃圾、端一杯水之类的事就都可以让孩子来做，让孩子在做这些家庭小事的时候学会承担。如果想要着重培养孩子的自信心，那么可以让孩子做一些洗袜子、种花之类的事，或者是让孩子解决一个在玩玩具中遇到的难题也可以，总之就是要让孩子觉得通过他们的努力，可以把事情做得更好，觉得自己"超牛"！

其实让孩子去做他们能够做成的事情，这个过程中，不仅是使孩子找到了"自信"、培养了他们的"责任心"，同时还促进了他们的"智力发展"，因为每次孩子在通过自己的努力想要解决一个难题或者学会一样新事物的时候，都是要进行思考的，也就是我们常说的"动脑筋"，让大脑从经常性的"被动执行"转换到"主动带领"，这个过程是可以促进孩子智力发展的，更好的是时间长了你会发现孩子会把这种"主动思考"的方式逐渐运用到他们生活或学习的各个方面，遇到问题就会主动想："我该怎么解决呢？"而不是总是"被动地等待结果"，这些方面的差异就是慢慢改变和影响孩子的重点之处！

知识点

要想让孩子变得自信,一定要让孩子去做一些通过他们自己努力能够做成的事情,让他们感知到自己是"很厉害"的,从而找到"自信"。

◆ 一定要表扬

我讲述了生活中提升孩子自信心的第七个方法：能做的事情自己做。让孩子通过做成一件一件他们自己努力完成的事情而感觉到自己"很厉害"，从而找到自信。我再来给大家讲讲生活中的第八个提升孩子自信心的方法：一定要表扬。我在之前的文章中讲过，要想让一个人变得自信，"外界的外在正向认定"很重要。也就是说一个人要常常得到外界的认可和夸赞，才会相信自己是真的"厉害"，而不是假的"厉害"，所以"表扬"和"夸赞"的作用是非常重大的！家长看到孩子通过自己努力之后的改变，要给予非常大的鼓励和认可，这样不仅会让孩子找到自信，还会激励孩子更好地把这件事做好！

那么在这里我要和大家强调一种培养孩子自信的主要方式——"循环认可"。就是培养孩子自信要有一个循环过程：孩子先是不自信的，我们开始要找到能让孩子通过努力自己完成的任务，引导他顺利完成，在完成的同时，要给予"表扬"和"夸赞"，这一系列的做法就是一个循环，那么我们一个循环接着一个循环地操作，孩子的自信心就会逐渐地提高了。这个循环里面，最重要的一个点就是"一定要表扬",如果没有了"表扬",前面做的一切就会大打折扣,因为你要做的就是在孩子通过努力得到成长以后给予"外界认可",孩子可以通过这种"外界认可"来验证"自己是很厉害的",那么只有这种状态下,孩子才会找到自信!

接下来我给大家讲一个发生在我儿子身上的例子。这件事发生在我儿子7岁的时候,我有一个朋友是做导演的,有一次他们要拍摄一部电视剧,需要进行演员海选,于是我就鼓励儿子去参加。其实我和这位朋友关系不错,我儿子长相、声音也都不错,如果我走个后门,自然也就不用选了,但是我觉得这是一个很好的让儿子成长的机会,所以我让儿子走了正常的流程。起初,在第一天的面试上,儿子表现得并不好,这是他第一次去参加演员海选,台下人很多,评委也全是他不认识的人,上台以后突然变得很紧张,导演问他问题,他也只是用点头和摇头来表示回应,当导演给他出题目让他作答的时候,虽然完成了,却显得很拘谨。看到这样的情况,回到家我并没有批评儿子,也没有说任何他不对的话。导演朋友发来消息说儿子通过了面试,我知道这也是看在我的面子上才通过的,于是我和导演朋友说,虽然通过了,但是我想让他明天再去海选一次。我的朋友很不解,问我为什么要这样,我说我要借用你的平台锻炼一下我儿子,所以请帮我这个忙。当天晚上,我就用了我的激励方法告诉儿子要相信

自己和打开自己,找到那个最亢奋的状态去应对这个舞台,当然这个方法我现在也应用于我们的"安娜妈咪少儿口才"的教学中。通过一个晚上的调整,第二天,我们又去了海选现场,这一次儿子的表现完全不同,不仅上台说话声音响亮,整个人也显得很放松,我的导演朋友知道我今天带着儿子再来海选的目的,就把海选的题目全部换掉,用了更为灵活的题目,让儿子和演员现场搭戏,并且考查儿子的临场反应能力。值得高兴的是,儿子现场的状态很好,所有的题目都没有难倒他,所有的评委都为他鼓掌。这一次儿子用自己的努力真正通过了演员海选,他非常高兴,我也同时给予他大大的赞扬,为他竖起大拇指,夸他很厉害,和他一起分享这样的开心时刻。我知道只有这样,孩子的自信心才会真正地被树立起来!

通过我刚才分享的例子,估计大家已经了解了这个循环是怎么应用的了,但我还是要说明一下这个"一定要表扬"也是有技巧的,那就是你的夸赞和表扬不要太过笼统、太过泛泛,要具体。比如,一个孩子通过自己的努力把一个有难度的玩具车给拼装起来了,你通过观察,他在这个玩具的拼装过程中,思考了很久,最后很聪明地找到了关键点进行了拼装,那么这个时候当他完成任务后,你不要仅仅夸孩子"你真厉害"或者"你本事大",而要找到一个或者两个更为具体的事情或做法来夸奖，你可以说："妈妈发现你特别爱动脑筋，一开始的时候你的拼装步骤错了，通过思考你很快就找到了原因，妈妈觉得你这么爱动脑筋，真棒！"你看，这样的夸赞就可以让孩子知道他到底是因为什么才得到夸赞的，而且这样细化地强调具体优点，孩子就会下次继续把这个优点进行重复和放大。否则如果你的夸奖是泛泛而谈，并不具体，孩子也不知道到底是哪里做对了才让你那么高兴的。所以我们夸孩子也要注意方法哦！

知识点

要想孩子有自信，要经历一个循环：开始孩子是不会做这件事的，家长要鼓励孩子通过努力进行成长，把这件事做成，最后是表扬和鼓励赞美。然后多进行几次这样的循环，孩子就能够树立自信，而且这个循环最重要的一点就是：一定要表扬！

4 阅读的拓展与延伸

阅读与情商的结合——学会与自己相处

在前面文章中，我跟大家分享了自信心和阅读之间的关系，以及到底该如何提升孩子的自信心。相信家长朋友一定知道了自信心对孩子成长的重要性，也知道该怎么在生活中巧妙地运用技巧让孩子轻松拥有自信心了。那么在接下来的内容中，我要再和大家分享阅读除了与自信有联系外，还与其他领域有结合之处。首先我们用两篇文章与大家分享一下阅读与情商之间的结合。

说到阅读与情商的结合，我们还是要先来了解一下什么是情商。大家都知道一个人要想人生有成就，不光要有智商，还要有情商，要智商和情商都高才行。通俗点说就是：光学习成绩好还不够，还要知道怎么和这个社会相处。甚至说一个人的情商高要比智商高更重要！那什么是情商呢？情商通常是指情绪商数，英语简称EQ，主要是指人在情绪、意志、耐受挫折等方面的品质，总的来讲，人与人之间的情商并无明显的先天差别，更多与后天

的培养息息相关。它是近年来心理学家们提出的与智商相对应的概念。从最简单的层次上下定义，提高情商是把不能控制的情绪变为可以控制情绪，从而增强理解他人及与他人相处的能力。从这段对情商的解释中，我们发现提高情商的主要目的是增强理解他人及与他人相处的能力，放在对孩子的教育上，我们也可想而知，如果一个孩子能从小培养与他人融洽相处的能力，那么他未来的人生自然是不会太差的。

当我们知道了情商的定义和提高情商的目的后，当然是希望孩子们从小就能打好高情商的基础。从这个角度出发，我把情商的培养分为两步：第一步应该是对内的，要先学会与自己相处，要懂得调整和管理自己的情绪；第二步是对外的，懂得如何与别人相处。

我在这篇文章里，主要和大家说一说如何巧用阅读来培养孩子情商的第一步，也就是让孩子知道如何与自己相处。

说到这，可能有的家长会问，很多教孩子情商课的老师都会说，情商是怎么让别人觉得舒服的，为什么我们要先从"自己"讲起呢？其实，这要从两个角度来解释：一是几乎所有人考虑问题的时候都是先从自己的角度出发的，如果孩子们自己都不知道自己有情绪的时候是什么样子的，或者自己在做事情的时候是怎么想的，那他们就很难做到"推己及人"，也就很难理解别人的想法了。而如果不能很好地理解别人的想法，估计情商也不会高了。另一个角度是如果孩子为了追求高情商，不考虑自己的感受，就会出现一切只为了"迎合别人"的情况，这样久了，会让孩子失去自我，一直在为别人做着自己不愿意做的事情，这同样是不好的。我们要追求的是孩子让别人感到很舒服的同时，自己也很舒服。这样的"高情商"才能够持久存在，才有意义。

那我们怎么样通过阅读来让孩子实现"认识自我并与自我好好相处呢"？我们要从四个方面来做。第一，就是要让孩子识别各种表情。当我们带着孩子进行亲子阅读的时候，经常会看到一些绘本上画着在某个情境下角色的表情，有的是开心的，有的是生气的，有的是很委屈的。当我们看到这些表情的时候，就要尝试让孩子自己也来模仿一下这些表情，同时让他们想一想平时他们自己是不是也有过这样的表情。经常这样练习，孩子就会知道，当自己或者身边人出现一些表情的时候，就代表他们有相对应的情绪了。第二，是在识别出自己拥有这些不同的情绪后，告诉孩子，我们有情绪是正常的，人人都会有情绪，在这么多的故事里面，每个角色都会有各种各样的情绪，所以如果孩子自己有了情绪，也要表达出来，不要憋着。当我们经常这样和孩子说的时候，孩子就知道了，有情绪并不是一件坏事，是可以进行表达的。我们有很多家长不让孩子进行情绪表达，久而久之，就会造成孩子的"内伤"。第三，我们可以借助绘本故事的情节，来问问孩子如果是他自己有情绪了该怎么办，这个时候，孩子都会说出很多自己的想法来，我们家长主要就是引导他们，当他们有了情绪可以找爸爸妈妈或者爷爷奶奶来说，找到纾解情绪的好办法，而不是使用砸东西或其他破坏性的做法来纾解。第四，也是非常重要的一步，就是让孩子体会一下，在自己产生这样的情绪时是怎么想的？引导孩子经常这样做，就能让孩子有"推己及人"的基础了，因为想要"及人"，先要"推己"。比如，我们读到这样一个故事情节，一个森林霸王经常欺负其他的小动物，这时就可以假设如果孩子是那个经常被欺负的小动物，会怎么想呢？当孩子感受到这只小动物是很恐惧、很委屈、很难过的时候，孩子也就知道了被欺负的感觉是不好的，知道了自己的感受，才会做到不去欺负别人。

知 识 点

情商的培养在孩子的一生中非常重要，我们可以通过阅读来巧妙地培养孩子的情商。培养情商的第一步是先认识和了解自己的情绪，有了"推己"的基础，才能"及人"。

2

阅读与情商的结合——学会与他人相处

在上一篇文章中,我们知道所谓高情商,其实就是能很好地与自己相处,同时也能与别人好好相处。而想要与别人好好相处,要首先明白自己的感受,然后才能"推己及人"。

其实,我们总会发现身边很多情商不高的人,最主要的一个表现就是无法体会到别人的想法,他们根本就不知道自己这么做会让别人觉得不舒服,甚至引起别人的厌烦。我在抖音上曾刷到一则马云说的话,他说如果一个人情商低智商高,就老是觉得自己怀才不遇,有再好的想法,还没开口就已经把别人都得罪了。这句话简单理解就是,一个人要想成功绝不可能单打独斗,要靠大家的帮助,而一个智商高情商低的人,老觉得别人不如自己,那么在这种情况下就已经让别人不喜欢他了。任何人都不喜欢被别人说自己很差,况且情商低的人根本就察觉不到别人的想法,所以总是导致他还没开口,别人就对他有排斥的情绪了。这种情形下,他的事情还能做得顺利吗?所以,想要让孩

子与别人好好相处，先要解决好"怎么让孩子去了解别人的想法"这个问题。

可能有的家长朋友会问，别人怎么想，我们怎么知道呢？其实这个问题并不难，我们了解了自己也就了解了别人。这就是为什么上一篇文章中，我要让家长朋友们引导孩子去了解自己的情绪和感受的最重要的原因。当我们让孩子了解了自己的同时，也培养了孩子的"同理心"，这个"同理心"也就是我们常说的"换位思考"。

我们在带着孩子进行亲子阅读，或者发现孩子在阅读的书籍中有可以引导他们进行"换位思考"的部分时，可以借助书籍内容训练孩子这种"换位思考"的能力。比如，故事中的小鸡一天都没有吃东西了，这个时候的小鸡会是什么感受呢？孩子肯定会说小鸡饿了，那我们就可以接上一句："你为什么知道小鸡饿了啊？"孩子就会回答我们："因为我在不吃东西的时候就会饿。"像这样的对话就是在树立孩子的"同理心"，把自己和故事里面的小鸡进行换位思考，去体会小鸡的饿。

当我们培养了孩子的"同理心"以后，第二步，还要培养孩子的"慈悲心"。为什么呢？我来给大家分析一下。首先，想要在社会上与人好好相处，除了要感受到别人的想法以外，还要做到一点，那就是"根据别人的想法做让别人开心的事情"，这才能与人好好相处，这才叫作情商高。我们还是拿关于马云的一件事来举例：有个香港富商在一次大会上说自己什么都是顶级的。后来马云上台演讲时就说，什么是情商？情商就是"明明知道自己是顶级，却说自己是老二"。

所以，要想情商高，除了要知道对方怎么想以外，非常重要的一点是，还要做让对方开心的事情。不知道大家有没有发现，社会上有很多人，他们是有"同理心"的，他们知道别人怎么想，但是就是不愿意做让别人开心的事，比如很多网络上和生活中的"杠精"，他们明明知道自己说出来的话是让对方难受的，但是依然要这么做，这么说，这样的下场只可能是最后连朋友都没有，更不用提什么会成功了。

而在"同理心"的基础上有"慈悲心"就不同了，"慈悲心"会直接引导一个人感受到对方的需求后，去帮助对方。有"慈悲心"的人也更愿意去做让对方开心的事，因为对于他们来讲，是发自内心地不愿意让别人难受，他们只会想着让别人如何开心。而且我们会发现，"慈悲心"会让一个人在帮助别人的同时，给自己带来愉悦感，可谓两全其美，既让别人开心了，自己也很开心，这才应该是情商高的最高境界！

明白了"慈悲心"的重要性后，我们就要在阅读的过程中着重地把培养孩子"慈悲心"的部分拿出来讨论，比如在故事中看到救助弱者的情节，让幼小的动物或人免受痛苦的桥段，都可以加以强化和突出，尤其要把弱者的痛苦和心理感受强化出来，这样可以激发孩子的"慈悲心"。当然，除了在阅读中强化和激发孩子的"慈悲心"以外，也可以带着孩子去给流浪猫、流浪狗喂吃的，或者去福利院看望那些没有爸爸妈妈的孩子，等等，都是可以培养孩子的"慈悲心"的做法。

最后要对大家说，想要培养孩子的高情商，除了这篇和上篇文章

中说到的要"认识自己""感受自己"、会"换位思考"、有"同理心"、有"慈悲心"以外,还要让孩子多与人沟通,把赞美别人当成习惯,同时宽容大度,让孩子在实践中成长,相信用上这些办法,孩子情商不高都不可能!

要想孩子情商高,除了要"认识自己"和"感受自己",还要培养孩子的"同理心"和"慈悲心",这样孩子就能够达到既让别人开心,也让自己开心的完美状态了!

3

阅读与写作的结合——学会积累

大家应该还记得，在本书开始的几篇文章里，我向大家阐述了阅读的重要作用，比如，阅读可以帮助孩子拓展知识，可以让孩子进行"自我迭代"，变成"学习型孩子"，甚至阅读还可以帮助孩子做好数学应用题，学好其他科目等。但其实阅读对孩子影响最大的，还是在口才和写作能力提升上。口才就不用说了，我在前面讲过，孩子的口才不是靠背诵文章诗句背出来的，而是靠大量的知识做输出的，如果一个人上台演讲或者与人沟通都是靠背台词，那可想而知，效果一定不会好。好口才更多的是依赖丰富的知识和不同凡响的思想，所以"安娜妈咪少儿口才"第一步就是要鼓励孩子们进行阅读能力的培养。

关于口才培养的部分在这里就不过多地阐述了，有兴趣的家长朋友可以去关注一下我的专门的课程，而且相信在看书的读者当中就有很多我们的小学员家长。接下来的四篇文章，我主要想和大家

分享一下阅读和写作能力之间的联系，相信这个话题也是家长们非常关心的话题。

阅读和写作之间到底都有什么联系呢？我在前面的文章中也做了一些简单的阐述，比如，第一个非常重要的联系就是，我们要通过培养孩子的阅读能力，进而让孩子"学会积累"。要学会积累什么呢？答案是，学会积累那些我们在写作文的时候用得到的好句好词。这个过程就和我们学英语一样。我们学英语也是先背单词，然后背句式、语法，等到积累得够多了，文章才写得出来。孩子们想要写出好作文，就要先把写作文需要的这些好的词汇和好的句子多多地积累到自己的大脑中，这样就能随用随取了。那么到底该怎么积累这些好词好句呢？

第一，我们家长从陪伴孩子进行亲子阅读开始，在给孩子讲故事的时候，不要仅仅是让孩子配合去说一些拟声词，还要给他们讲解一下故事里面可以通过情节弄懂意思的成语或者其他词语。比如，我们在给孩子讲《三只小猪》的故事的时候，大灰狼"轻而易举"地就把猪老大的稻草房子给吹飞了。我们就可以和孩子讲，这个"轻而易举"就是"很容易"的意思。看，这个大灰狼很厉害，他力气大，气力也足，所以吹飞稻草房子在他面前就不是难事，所以在这里就用了"轻而易举"这个词。类似这样的场景式的解词方法，对孩子来说既不枯燥也不难懂，很容易就让孩子明白这个词语的意思，并且知道了在什么情况下可以使用这个词语，甚至，家长们还可以引导孩子使用这个词进行造句,巩固孩子对这个词语的印象。不过这里我要额外提醒一下,爸爸妈妈在进行这个"词汇积累"的环节时,不要在讲故事的中间进行,而是要等到整个故事都讲完了以后再进行,这样不会打断孩子的注意力和听故事的思路。而且,我们词汇积累的时候,一定要注意一次不能超过两个词语的积累,我们要充分考虑到孩子的接受程度和耐心程度。一般来讲,一个幼儿园阶段的孩子很难愿意听过多的内容,如果我们说得过多,导致孩子反感就不好了。

第二,当孩子长大一些,可以进行独立阅读的时候,我们可以鼓励他们把看到的好词和好句摘抄下来。当孩子们把好词好句摘抄下来的时候,就会有两个收获:第一个是这个词语引起了孩子的注意,既然孩子觉得这个词语好,一定是这个词语已经被孩子重视了;第二个,在这样的情况下,孩子再用手写的方式摘抄下来,就会再次地加深对这个词语的印象,两次叠加的印象就会促进孩子更好地记忆这个词语。如果孩子还愿意在摘抄这个好词的同时,把使用这个词的原句也一起摘抄下来就更好了,这不仅会大大促进孩子对词语的记忆,还促进了孩子学会使用这个词语的方法。俗话说"好记性不如烂笔头",当孩子看到好词好句的时候,当时都觉得特别好,可是如果不进行记录的话,很容易就忘记了,等到下次想要运用的时候,就会想不起来了。这样的话,效果就会差很多。但是当孩子养成了记录好词好句的习惯以后,

大家会发现这个"好词好句摘抄本"就是孩子写作路上的"百宝箱",让孩子的词汇丰富、辞藻华丽,再也不必发愁该用什么词或句子了。

知识点

孩子想要写好作文,阅读能力自然少不了,但是我们作为家长不但要培养孩子的阅读能力,还要帮助孩子学会在阅读的同时对好词、好句进行积累,我们可以使用"场景式"的词语讲解方法和鼓励孩子建立一个"好词好句摘抄本"来对好词好句进行积累。

4

阅读与写作的结合——学会观察

上一篇文章中我跟大家分享了阅读和写作的结合之——学会积累，告诉家长朋友要帮助孩子在阅读的过程中积累更多的好词好句，为写好作文打下词汇和语句方面的基础。这就像盖楼房，再漂亮的设计，也要有盖楼房的钢筋和水泥才行。

那么，想要写好作文是不是只要有好词和好句就行了呢？自然是不行的。我们还得知道写些什么。这些好词好句本身都是独立的，我们不可能把它们直接排列组合起来，我们需要用这些好词好句对要写的内容进行更好地渲染，这样才能写好作文。

那么针对作文到底要写什么，这个问题可是难坏了很多爸爸妈妈和孩子，比如很多孩子一开始写作文的时候，就愁眉苦脸，不知道从何写起。出去玩一天，就只会写一句：今天我去公园看花了。就再也不知道怎么往下写了，好像怎么写也写不满那些作文纸。其实，要想把作文的内容丰富起来，写出精彩的作文，需要培养孩子

一个能力，那就是观察的能力。什么是观察呢？我们拿刚才那个去公园看花的孩子来举例，观察就是：这个孩子是一个人去看花的吗？他都和谁去的呢？他们是怎么去的公园呢？坐公交？坐地铁？再然后，他们去的是哪个公园呢？植物园？动物园？或者是某个可以赏花的公园？他在看花的时候，花朵都是什么颜色的呢？长得都一样吗？等等。我们会发现，如果孩子能够有观察的能力，就能把这些生活中的细节写进作文中，那么，这个孩子还担心写不满作文纸吗？说了这些，我们到底要怎么去培养孩子这种观察能力呢？观察和阅读又有什么联系呢？

细心的家长可能会发现，我们在阅读的过程中，比如做亲子阅读时看的绘本故事，或者是孩子独立阅读的故事，又或者是我们睡前听的故事，里面都会有非常多的细节描写。以前我就常说，一个孩子如果能够养成睡前听故事的好习惯，不管是听爸爸妈妈讲的亲子故事，还是听儿童电台播放的睡前故事，这个习惯就相当于在让孩子听"优秀作文范本"。而且每个故事之所以会引起孩子的注意和喜欢，都是因为这些故事非常生动有趣，这些生动有趣的故事情节一定是通过很多细节描写的语句组合起来的，不然，故事里的小动物都写成一个笼统的样子，没有细节的区别，就一定是索然无味的了。

我们知道了在阅读的过程中要注意这么多细节的描写，那么，除了让孩子坚持听故事和进行"好词好句"的理解、摘抄之外，还有一个方法是我们可以掌握的：那就是以角色的角度去观察这个故事。怎么做呢？比如，我们讲到一个故事，故事里说，一只瞧不起乌龟的松鼠，站在树枝上昂着头，翘着手指，斜着眼睛对乌龟说："我说乌龟大哥啊，你也太差劲了吧，这么多年没见你有长进，还是那么慢吞吞的。你看看我多快啊，树上树下攀跃自如。"像这样的场景，作者就描写得很生动，把松鼠瞧不起人的样子描写得淋漓尽致。那么，我们为了让孩子也学会观察到这些，就可以让孩子站在"松鼠"这个角色的角度，去做出松鼠的样子，这样就可以加深孩子对这些细节的印象，进而增进理解。

  一个人观察力越强，看得也就越细致，写出来的作文也就越生动。当孩子把这种"细致"融入大脑以后，他们就知道了"观察"该进行到何种程度，这样，当他们要描写一支笔就不会只写简单的一句话了，写一条鱼也知道要写鱼是什么颜色的，是多大的，鱼在水中游得是快还是慢，甚至连鱼身上样的条纹、图案也会描写出来。

  当然，即便是我们做亲子阅读时，也没有过多的时间和精力让孩子去模仿故事中的每个角色，进行观察力训练，只要他们听的故事足够多，也会记住故事中的很多细节。在儿童故事中，除了形象描写以外，也会有心理描写，这些都会反复出现，只要孩子多听多读，相信这些观察细节的能力就会潜移默化地影响孩子。当孩子有些茫然的时候，我们只需要帮助孩子进行"唤醒"就行了，我经常在儿子不知道该怎么进行心理描写的时候，提醒他想一想他听过的故事里都是怎么描写的，这样，他就马上知道该怎么写了。

知识点

孩子想要写好作文，学会观察很重要。我们可以让孩子走进故事中，以角色的角度去表现出故事中刻画的细节，来加强孩子的观察能力。当然，我们也可以鼓励孩子平时多练习观察生活哦！

5

阅读与写作的结合——学会思考

前面的文章,我跟大家分享了阅读和写作的结合之——学会观察。我们家长要帮助孩子在阅读的过程中懂得向故事中的角色学习,观察他们细致入微的动作、眼神等各种细节,只有观察能力培养好了,才知道作文要写什么,所以观察能力必不可少。

写好作文,除了有好词好句的积累,除了知道写些什么之外,要想作文有高度、能出彩,还必须培养另外一项能力,那就是:学会思考!

为什么说思考能力能够让孩子的作文有高度呢?我们先来看看作文一般的结构都是什么样的。我们的孩子写作文一般都是"日记型作文",就是生活中做了什么事情,做这个事情的过程中有什么奇特的、有趣的或感人的细节,把它们描述出来。但是要想作文有高度,就不能仅仅只讲这些表面的事物,而要能够透过现象看本质,或者能够用现象来比喻其他更为深刻的道理,这样才是有高度的作

文。比如,一个孩子写了一篇内容为自己帮助妈妈做饭的作文。作文当中会写到如何择菜、如何淘米、如何切菜等等,但是写完这些以后,即便词语很生动或者辞藻很华丽,如果不能给文章灌入更有灵魂的感悟,那这篇文章都会显得比较平常。只有在文章最后,孩子把对妈妈的感恩和爱都写入文章,体现出更多人性的光辉,这篇文章才是得到升华的文章,也就成了我们所说的有高度的文章了。

孩子写文章,要想达到这个高度,就要通过思考来完成。孩子需要不断地通过阅读文章和书籍,先从中归纳和总结出一些感悟,或是通过对作者的分析,思考作者当时写这篇文章时的意境,汲取作者的智慧,再通过这些分析、归纳和总结,进行自己的再创造。渐渐我们就会发现,如果孩子学会了思考,那么他不但作文写得有高度了,语文成绩也会提高。因为这个思考的过程,其实就是在总结、归纳文章的中心思想并加上自己的分析和论断的过程,如果有了这个能力,孩子在日后语文科目的学习中,提炼中心思想和归纳段落大意就很容易了。

这个思考能力,在生活中、在阅读中要怎样锻炼呢?

首先,要明白学会思考的过程,其实就是让孩子学会动脑筋的过程。这个过程中,需要孩子使用大脑把现有的信息进行再加工,所以我们要训练孩子多动脑筋分析和总结。针对这样的目的,我们在陪伴孩子做亲子阅读的时候,可以在故事讲完以后,引导孩子去回答和思考:这个故事描述的是一件什么事情?这个故事又讲了一个什么道理呢？我们通过亲子阅读时增加这样的引导式的问题，让孩子进行思考，在这个过程中，不管孩子的回答是否完全正确，都请家长鼓励孩子这种动脑筋思考的行为。至于孩子说的是不是完全正确，是和他们的知识量和价值观相关的，不要急于完美化。我们的主要目的就是要引导孩子的大脑进行对信息的再处理和再加工，这个动脑筋的过程才是我们的重点！

其次，当孩子在小的时候就能够经常有这种思考行为的话，在孩子上了小学开始写作文以后，再引导孩子把这种思考运用到作文当中就会容易很多。比如，我儿子每次在写作文的时候，我都会引导和帮助他建构写作文的思路，在这个过程中，我都会提醒他把最后的有高度的环节加进去，引导他可以把作文里记述的事情总结出一个规律或者道理。经常这么做，他在写作文的时候也就习惯了要把这个部分放入作文。

当孩子把思考的习惯养成以后，其实不仅仅会让孩子的作文成绩和语文成绩变好，同时也会让孩子长大后学会透过现象看本质，能更好地通过眼前的事情找出这个领域的规律。孩子一旦拥有了这个能力，无论在哪个行业都能快速地成长。我们所学的"从实践中来、再到实践中去"就是这个道理。我们看到的社会上很多成长速度很快的人，都有这样的能力。

其实我是很羡慕现在的孩子的，因为他们在很小的时候，父母就能够学习各种各样的知识去丰富和补充孩子们的大脑，早早教会

他们很多道理和方法。记得我小时候，从来没有人教过我要如何学会思考，也没有人告诉我思考的重要性。我学会并养成思考的习惯，是在上大学做广播电台主持人的时候，那个时候因为每天要上直播节目，而直播节目的主持人都是没有稿件的，一开播一两个小时就要不停地说，而且不能重复。就是在那个时候，练就了我快速思考和总结的能力，经常会习惯性地看到或听到一件事情后，就对其进行分析、归纳和总结，应该说如果没有这个习惯的伴随，我一定无法在今天原创出这本十余万字的《言传"声"教，读出未来——安娜妈咪让孩子爱上阅读》。所以，思考能力的养成，对于一个孩子成长为一个"快速自我迭代"的"学习型"人才起着至关重要的作用！

要想孩子的作文有高度，就要让孩子学会思考。我们可以通过给平时的阅读添加一些引导性的提问，引导孩子进行分析、归纳和总结故事或者文章中的道理就可以了。

6

阅读与写作的结合——学会创作

前面的文章中,我跟大家分享了阅读和写作的结合之——学会思考。想要孩子的作文有高度,就要有意识地培养孩子多动脑筋、多思考,学会归纳、总结作者的思想并加工成自己的新思想。只有这样,孩子的作文才会越来越有深意,写得越来越好。

当孩子积累了好词好句,学会了观察生活,又学会了思考后,相信孩子这个时候的作文应该已经不错了,如果还能让孩子多学会一个方法,孩子们的作文就会更加有新意,甚至可以让孩子长大后拥有创作能力。这就是我要告诉大家的阅读与写作结合的最后一点:学会创作。

孩子在刚开始写作文的时候,就如前文中提过的,其实是一种"日记式的写作",素材主要从生活中来。但是等孩子们慢慢长大,他们就会需要有一些创作才能,这样,他们的作文才会更加吸引人。而且我们会发现,那些畅销书作家都是极富

想象力的,很多的作品特别是儿童作品,其实都是虚构出来的,而这就是创作能力的体现。如果大家也想让孩子拥有这种创作能力,就赶紧行动吧。

我们要怎么样培养孩子这种创作能力呢?

首先,要培养孩子有发散型思维。比如在生活中,我们可以让孩子对某一个事物的形象进行再设想,比如,孙悟空的形象是不是还可以有其他样子?在画画的时候,一个人的脸可不可以不是淡黄色或者白色?又或者今天做的某件事情的结果,是不是可以有其他变化?有没有可能出现另一种结果?等等。像这样的引导就会让孩子把思路不固定在一个结果上,让他们去设想一切都可以有别的样子。那么时间长了,他们的思维就不会固定在某一种模式上了,而且会更加理解这个世界是不停变化的,事物本身也可以有很多面的道理。我们在生活中也常常会看见一些大人或者孩子,当事情的存在形式或者发展不是他们预期的,他们就会极力否定或者表示不满。比如一道菜的味道不是他认为的味道就不满意,或者一件事情的结果不是他所经历过的,就说不对,等等。其实,世界本身就是在变化的,也可以说是无常的,没有任何一件事情是恒久不变的,所以让一个孩子经常进行思维发散,不但可以提升孩子的作文创作能力,也能让孩子更加理解这个世界的无常,这样,当孩子长大后面对一些变故的时候,就会灵活应对了。

其次，我们家长除了注意在生活中培养孩子的发散思维以外，还可以针对一些具体的阅读场景进行创作能力的培养。比如一个很好的场景就是亲子阅读。绘本故事中通常都有很多好看的大图，这些图本身就是为了很好地解释文字内容而创作的，所以家长一边讲故事，孩子一边看图就会很有代入感。但如果要是把这些文字和图片分开，会有什么效果呢？从文字的角度：同样用这些文字来重新绘图，那估计绘出来的图就不一定是原来的样子了，甚至是每个小动物或者植物的样子都会不一样；而从图片的角度，如果单独看这些图，可能也会写出不一样的故事桥段。说到这，家长朋友们一定联想到了，哎呀，这个有图片没有文字的情形，不就是小学生常常做的看图写作吗？没错，就是这样。所以，如果我们想锻炼孩子对绘画能力的发散思维，那可以给孩子只看文字，让孩子练习绘画；如果我们想练习孩子文字方面的创作能力，那么就可以把图片给孩子，让孩子进行再次创作。

所以，绘本的作用是不是非常大啊？下面给大家操作的具体方法。我们把看过的、孩子不看的绘本都拆开，然后把图片和文字进行分离。一定要这样做哦，不要舍不得对绘本的"破坏"，不然孩子会习惯性地去按照原来的文字进行思考。然后，我们要引导孩子或者和孩子一起进行看图再创作，这样，不仅又增加了一个亲子互动的环节，还能很好地培养孩子的创作能力。

知识点

要想孩子的作文有新意，甚至想让孩子未来成为一个思维灵活的小作家，就要让孩子学会创作。我们可以在生活中多多培养他们的发散型思维，同时也可以巧用绘本故事中的图片进行再创作。时间久了，孩子们就会思维活跃、思路宽广，甚至当生活出现一些非常规的变故时，也能灵活应对生活的无常。

5 听安娜妈咪讲故事

谁咬了我的大饼

谁咬了我的大饼

小猪做了一块好大的饼，累得睡着了。

等他醒来一看："咦，是谁咬了我的大饼呢？"

小猪问小鸟："嗯……是你咬了我的大饼吗？"

小鸟说："啊，不是我，你看……"

小鸟在大饼上咬了一口。"嗯，果然不一样。"

小猪问兔子："嗯……是你咬了我的大饼吗？"

兔子说："啊？不是我，你看……"

兔子在大饼上咬了一口。"嗯，确实不一样。"

小猪又去问鳄鱼："是你咬了我的大饼吗？"

鳄鱼说："不是我，你看……"

鳄鱼在大饼上咬了一口。"嗯，果然不一样。"

小猪问河马："是你咬了我的大饼吗？"

河马张大了嘴巴，轻轻地咬了一小口："哦？你在说我吗？"

小猪的肚子饿得咕咕叫。"啊呜！"他也在大饼上咬了一口。

"吧唧吧唧……"他一边嚼着大饼,一边想,"嗯……那究竟是谁咬了我的大饼呢?"

小朋友们,那你知道是谁咬了小猪的大饼吗?

爱迪生孵鸡蛋

爱迪生孵鸡蛋

爱迪生是美国著名的大发明家,一生有两千多项发明创造,其中包括了给人们生活带来极大便利的电灯。

爱迪生从小就是个爱动脑筋的孩子,喜欢问这问那。他的妈妈总是很有耐心地回答他那些稀奇古怪的问题。

五岁那年,爱迪生在院子里玩儿,忽然发现常在院子里捉虫子吃的母鸡不见了。他一边叫着,一边走向鸡窝往里看,发现母鸡正安安静静地在里面趴着呢。

爱迪生一把抱起母鸡就想走。哎呀!鸡窝里怎么会有这么多的鸡蛋呢?数一数,有十几个呢!这是怎么回事呢?

爱迪生放下母鸡回到屋里,问:"妈妈,妈妈,母鸡在下蛋呢!有十几个那么多!"

妈妈一边给爱迪生拍打身上的泥土,一边说:"母鸡不是在下蛋,它是在给鸡蛋们取暖呢!"

"取暖?"爱迪生更糊涂了,"鸡蛋也怕冷吗?"

妈妈把爱迪生搂到怀里,说:"母鸡是在孵蛋呢。在母鸡温暖的怀抱里,鸡蛋里面才会长出小鸡。十几天后,鸡宝宝就会用小嘴巴啄破蛋壳钻出来了。"

"太棒了!"爱迪生跳起来,跑出了房间。一直到天黑了,他都没有回来。妈妈到处去找,终于在后院找到了他。他正趴在一堆柴草上,身体底下放着十几个鸡蛋。

"你在干什么?"妈妈惊讶地问。

爱迪生眨着眼睛说:"母鸡能孵出小鸡来,我也要试试!"

妈妈被他的想法逗乐了,笑得合不拢嘴。

小朋友们,你们猜爱迪生最后孵出小鸡了吗?是的,爱迪生最后当然没有孵出小鸡。不过正是因为他有这种遇事总爱问为什么,又勤于实践的个性,爱迪生长大之后才会取得那么辉煌的成就。所以,小朋友们,我们在遇到事情的时候,也该多问几个为什么,向爱迪生学习。

3

大狗、公鸡和狐狸

大狗、公鸡和狐狸

在很远很远的地方，有一片美丽的大森林。大森林里住着许多可爱的动物。它们由狮王领导，在这个王国里，大家相亲相爱，就像一家人。

大狗汪汪和公鸡飞飞是邻居，也是最最要好的朋友。它们有福同享，有难同当，彼此相互照应，互相帮助。就是这样的友情才使他们勇敢面对生活，即使时常出现在他们周围的危险，也不曾使他们对生活退缩。

公鸡飞飞每天早晨起来呼唤太阳，严守着大自然生生不息的生命哲学。

一天，两个好朋友向森林深处走去。太阳快要下山了，两个小伙伴已经来不及回家了，它们在森林中找了棵大树准备睡一觉。大狗汪汪对好朋友说："你在树上睡吧，我在下面的树洞里，我会保护你的。"

公鸡飞飞听了非常高兴，拍拍翅膀，笨重地飞上了枝头，找

了个最结实的树杈,安心地睡觉去了。夜深了,森林又恢复了宁静。天空中繁星点点,那几颗最亮的是死去的狮王的魂魄。它在天上保佑着森林王国。黑夜很快过去了,公鸡飞飞有早起的好习惯,它每天都在黎明前起床,做做健身操,然后放开洪亮的歌喉呼唤太阳的升起。

这时,森林中有一只狡猾的狐狸听见了公鸡的啼叫,循着声音走了过来。它看见公鸡在树上,就像看见一顿已经煮得香喷喷的鸡肉大餐,馋得直流口水。它眼睛一转,计上心头,于是走到树下,笑着对公鸡问好。公鸡飞飞见了就说:"狐狸先生,好久不见,你笑得越来越美了,比花儿还甜。"

狐狸依旧以一副自认为很迷人的面孔说:"你这只美丽的鸟儿真好,每天叫大家早起。你的嗓音真动听呀,比百灵鸟还出色。你的羽毛真美丽,比孔雀还要漂亮!快来,咱们交个朋友吧。"

公鸡瞟了狐狸一眼,没有再说话。狐狸见公鸡不理会,又接着说:"其实我也会唱歌,不过,没有你唱得好。我们一起唱一支吧,你也指点指点我。"

公鸡见狐狸还不走,就对它说:"那好吧,你到树根底下,叫醒守夜的,叫它把门打开。"狐狸听了乐得差点儿翻了个跟头。它跑到树洞旁,刚把头探进去,大狗汪汪突然从洞里跳了出来,把狐狸吓得头皮发麻,四脚发软,心脏跳动得非常厉害。大狗不等狐狸逃跑,上前就咬住了它,把它撕成了碎片,为森林里的小动物们除去了一个大坏蛋，两个好朋友这个时候紧紧地抱在了一起。

　　小朋友们，这个寓言告诉我们灾难临头的时候，只有处变不惊，沉着机智地同坏人周旋，才能够让自己化险为夷。当然有了朋友的帮助，可以使自己更顺利地摆脱危险的境地，这就是团结的力量。

4

阿凡提种金子

阿凡提种金子

有一次，阿凡提听说国王要到沙滩上去玩儿。想到由于旱灾，粮食收成不好，导致很多老百姓都吃不上饭，而国王却不肯开粮仓，派发救济粮。阿凡提很气愤，就想了个惩治国王的办法。

第二天，国王来到了沙滩上，看见阿凡提正在把一些金子分别放入已经刨好的几个坑里。金灿灿的金子闪烁着耀眼的光芒，国王被照得连眼睛都睁不开了。

"阿凡提，你在干什么？"国王好奇地问。

"尊敬的陛下，"阿凡提恭恭敬敬地回答，"我在种金子呀！"

国王吃了一惊："这金子种下去会收获什么呢？"

阿凡提瞪圆了眼睛看着国王，回答道："您不知道吗？种金子当然是要长金子的呀！"

国王听了很羡慕。"你种这么一丁点儿的金子，能长出多少呀？这样吧，咱俩合伙，我给你两斤金子，长出来的分我一半就行。"

"遵命！"

阿凡提跟着国王回宫拿了金子。

一个星期后，他真的给国王送来了十斤金子。国王看到了金子，笑得合不拢嘴。立刻吩咐侍卫抬来几箱金子给阿凡提，说："阿凡提，这些金子你都拿去，接着种。"

阿凡提把金子装到驴车上，拉回了家。

一个星期后，他愁眉苦脸地去见国王。国王正等着收金子呢，见阿凡提两手空空地走进殿来，他着急地问："金子呢？你种出来的金子呢？"

阿凡提一听，放声大哭起来："陛下啊陛下，这该死的老天爷一连七天一滴雨都没有下，种下去的金子都干死了！"

国王火冒三丈，指着阿凡提骂道："你胡说八道！金子又不是庄稼，怎么会干死呢？"

阿凡提止住哭声，说："这就怪了，既然金子能像庄稼一样，种到地里就能长出更多的金子来，它怎么就不能像庄稼一样干死呢？"

国王当场愣住了，一句话也说不出来。他这才知道自己中了阿凡提设的圈套了。

小朋友们，其实那些"干死"的金子呀，早就被阿凡提送给老百姓啦。

5

亡羊补牢

亡羊补牢

从前有个牧羊人，他白天出去放牧，晚上把羊关在圈里。

有一天，他放羊回来，发现羊圈里少了好几只羊。邻居们赶来，看到羊圈有个破洞，就对他说："快点把破洞补上吧，否则就会有豺狼钻进来偷羊吃的。"

牧羊人不以为然，没听邻居们的劝告，心想："反正羊已经不见了，再补羊圈又有什么用？"

几天后，牧羊人发现羊又少了几只。他很后悔，没有听邻居们的话，伤心得哭了起来。邻居们再次劝他："现在修补羊圈还来得及。这样，以后就不会再丢羊了。"

亡羊补牢，是说羊丢了，把羊圈修补起来，剩下的羊就不会再丢。犯了错误，立即改正，就能减少错误。遭到失误，及时地采取补救措施，则可以避免继续遭受的损失。